DE L'UNITÉ
DE LA VIE ET DE LA DOCTRINE
D'AUGUSTE COMTE

RÉPONSE

AUX CRITIQUES DES DERNIERS ÉCRITS

DE COMTE

ADRESSÉE A J. S. MILL, Esq., M. P.

PAR

J. H. BRIDGES

Traduit de l'anglais par M. DEBERGUE

« Induire pour déduire, afin de construire. »

« Vainement les lettres anglais tentent-ils, plus
« qu'ailleurs, de réduire la Philosophie positive à
« son office intellectuel. »   AUGUSTE COMTE.

PARIS
DUNOD, ÉDITEUR,
LIBRAIRE DES CORPS IMPÉRIAUX DES PONTS ET CHAUSSÉES ET DES MINES,
Quai des Augustins, 49.

1867

DE L'UNITÉ

DE LA VIE ET DE LA DOCTRINE

D'AUGUSTE COMTE.

Paris. — Imprimé par E. Thunot et Ce, 26, rue Racine.

DE L'UNITÉ
DE LA VIE ET DE LA DOCTRINE

D'AUGUSTE COMTE

RÉPONSE

AUX CRITIQUES DES DERNIERS ÉCRITS

DE COMTE

ADRESSÉE A J. S. MILL, Esq., M. P.

PAR

J. H. BRIDGES

Traduit de l'anglais par M. DEBERGUE.

« Induire pour déduire, afin de construire. »

« Vainement les lettrés anglais tentent-ils, plus
« qu'ailleurs, de réduire la Philosophie positive à
« son office intellectuel. »   AUGUSTE COMTE.

PARIS
DUNOD, ÉDITEUR,
LIBRAIRE DES CORPS IMPÉRIAUX DES PONTS ET CHAUSSÉES ET DES MINES,
Quai des Augustins, 49.

1867

AVIS DES ÉDITEURS.

La lettre du docteur Bridges (de Bradford, Angle=
terre) à M. John-Stuart Mill, sur l'unité de l'œuvre
et de la vie d'Auguste Comte, dont nous offrons la
traduction au public français, se recommande à plus
d'un titre auprès de ceux qui prennent intérêt au
mouvement positiviste, soit comme adhérents, soit
comme adversaires.

Outre l'importance propre des questions qui y sont
abordées, outre la manière ferme et intelligente dont
elles y sont traitées, cette lettre constitue un aver-
tissement qu'il n'est pas inutile de donner au public.

La doctrine positiviste se trouve, en effet, dans
cette situation singulière d'être représentée, aux
yeux du monde littéraire et scientifique, par des
hommes qui, ne pouvant ou ne voulant point la
comprendre, ne s'y rattachent aucunement en

réalité, mais qui, en la travestissant profondément et en entravant autant qu'il est en eux son développement et son action, tirent néanmoins un parti personnel considérable de sa puissance et de son nom.

C'est au lendemain de la mort d'Auguste Comte, lorsqu'il n'était plus là pour défendre son œuvre, que l'on a inauguré ce singulier système, dont nous allons donner les principaux traits.

Le positivisme se compose d'une philosophie qui explique *scientifiquement* le monde et l'homme, et d'une politique qui institue la direction de l'un et de l'autre, conformément au système des *lois naturelles*.

Cette philosophie et cette politique, nécessairement inséparables, représentent la théorie et la pratique du positivisme, qui se résume ainsi en une synthèse, ou religion, partant de la connaissance de tout ce qui est, pour instituer, par une morale démontrable, le gouvernement de tout ce qui agit.

En d'autres termes, le positivisme reprend, au point de vue scientifique, le problème permanent du ralliement de l'espèce humaine et du gouvernement du monde, qui n'a pu être résolu d'une manière définitive ni par la théologie ni par la métaphysique, dont il considère l'influence sociale comme étant depuis longtemps épuisée.

Il est aisé de comprendre combien une doctrine aussi vaste, qui vient réformer à la fois la spéculation et l'action, et consommer la plus grande révolution que l'Humanité ait encore subie, se trouve nécessairement au-dessus de la portée générale des esprits et des cœurs, au temps où nous vivons; combien elle doit choquer d'habitudes mentales et morales, compromettre d'intérêts, d'individualités, de professions, de classes et même de castes!

Il ne faut donc s'étonner ni des animosités qu'elle suscite, ni des répulsions qu'elle inspire, ni des critiques qu'elle provoque, ni des obstacles qu'elle rencontre. Il faut au contraire s'attendre, à mesure qu'elle se développera, à des haines plus ardentes et à des oppositions plus prononcées.

Aussi n'est-ce pas contre ses ennemis naturels que nous nous élevons en ce moment.

Quelque faibles, quelque incompétentes, quelque déloyales et parfois indignes que se soient montrées leurs critiques, nous les considérons comme inévitables, forcées, et nous regardons leurs auteurs comme des adversaires plus ou moins autorisés, plus ou moins sincères, mais usant d'un droit incontestable et incontesté, et remplissant même un devoir.

Ceux contre qui nous élevons ici la voix sont les *faux positivistes*, ces hommes qui, ayant appartenu à l'école de Comte pendant un temps, s'en sont volontairement séparés, *en continuant de se servir de son nom pour autoriser leur plume ou leur parole;* qui, *prenant la philosophie positive en héritage* (comme si elle n'était pas du domaine commun, ou leur avait été léguée par son fondateur), usent de ce patronage arbitraire, de ce prétendu monopole, pour altérer, dissoudre, énerver l'œuvre, en la mutilant et la rapetissant, afin de l'accommoder à l'étroitesse de leurs sentiments et de leurs idées. Ennemis d'autant plus dangereux que, prenant le masque de partisans, ils portent au système des coups plus assurés.

Sans doute il est permis de refuser ou d'admettre tel ou tel principe, telle ou telle conclusion

de la doctrine positiviste, voire la doctrine elle-
même ; mais chacun est tenu de prendre sous sa
responsabilité ces combinaisons arbitraires et toutes
personnelles, *et nul n'a le droit de les présenter
comme étant le positivisme.*

Ceux-là ont donc commis un abus des plus
graves, qui ont continué à se déclarer positivistes,
ou même à se proclamer comme étant seuls positivistes, quand, sous prétexte de compléter, de
rectifier et d'améliorer, ils rejetaient, au fond, jusqu'aux principes les plus essentiels de la philosophie positive, et jusqu'à ses applications les plus
inévitables à la politique, c'est-à-dire l'œuvre
d'Auguste Comte tout entière.

Scinder cette œuvre en deux parties, d'une manière arbitraire, injustifiable, en dépit des textes
les plus décisifs et des déclarations les plus for-
melles (1) ;

Adopter *nominalement* la première, en n'en res-

_____

(1) Voir à la fin de ce volume, aux *Documents à consulter*, p. 133,
la préface placée par Auguste Comte en tête de la réimpression de
ses premiers opuscules sur la philosophie sociale dans l'appendice
du 4ᵉ volume du *Système de Politique positive.*

pectant ni les fondements, ni les détails, ni les
principes, ni la constitution, ni les conséquences;

Déclarer, sans en faire la preuve, la seconde partie contradictoire avec la première, rétrograde, in-
sensée, malsaine, vicieuse et condamnable de tous
points; en un mot, prendre la livrée du positivisme
pour se donner des allures de philosophe et de penseur original, en écartant soigneusement tout ce qui
peut gêner, obliger, compromettre, forcer à prendre
parti dans le débat anxieux où s'agite la société
moderne pour terminer la révolution et constituer
l'état normal de l'Humanité :

Tel est l'esprit de ce système; en voici les moyens.

Par une critique cauteleuse, toujours malveil-
lante et souvent déloyale, faire l'obscurité et le
doute sur les choses les plus claires en tous les
points de la doctrine positiviste; contester, rompre
à dessein son enchaînement, ses liens logiques
et scientifiques les plus fondamentaux; répandre
tantôt le ridicule et tantôt l'odieux sur ses conclusions les plus difficiles et les plus éloignées; taxer
son auteur d'insuffisance ou de retard, d'après des
affirmations d'une fausseté notoire; autoriser le

doute sur la rectitude de sa raison, sur sa sincérité ou sa moralité, par des insinuations perfides,
aussitôt transformées en accusations infâmes par
les folliculaires du parti; enfin, laisser sans répres-
sion les outrages de cette presse indigne qui se
montre toujours prête à sacrifier aux puissances du
jour l'homme droit, inflexible, qui a voué sa vie au
bien et au vrai! D'autre part, cacher soigneusement
au public ce qu'est devenu le positivisme depuis
la mort de son fondateur; enfin, taire les efforts de
ses adhérents, calomnier leurs actes et accuser d'a-
liénation, de dégénération mentale et morale, tous
ceux qui sont restés fidèles, envers Auguste
Comte *mort*, à la foi donnée, aux engagements
souscrits, à la dette du cœur.

C'est contre ces abus que M. Bridges s'est justement élevé, dans sa lettre à M. Mill, et que les
positivistes protesteront de plus en plus (1).

---

(1) Voir à la fin du volume, aux *Documents à consulter*, p. 139,
une lettre du Dr Robinet à M. Frédéric Morin.

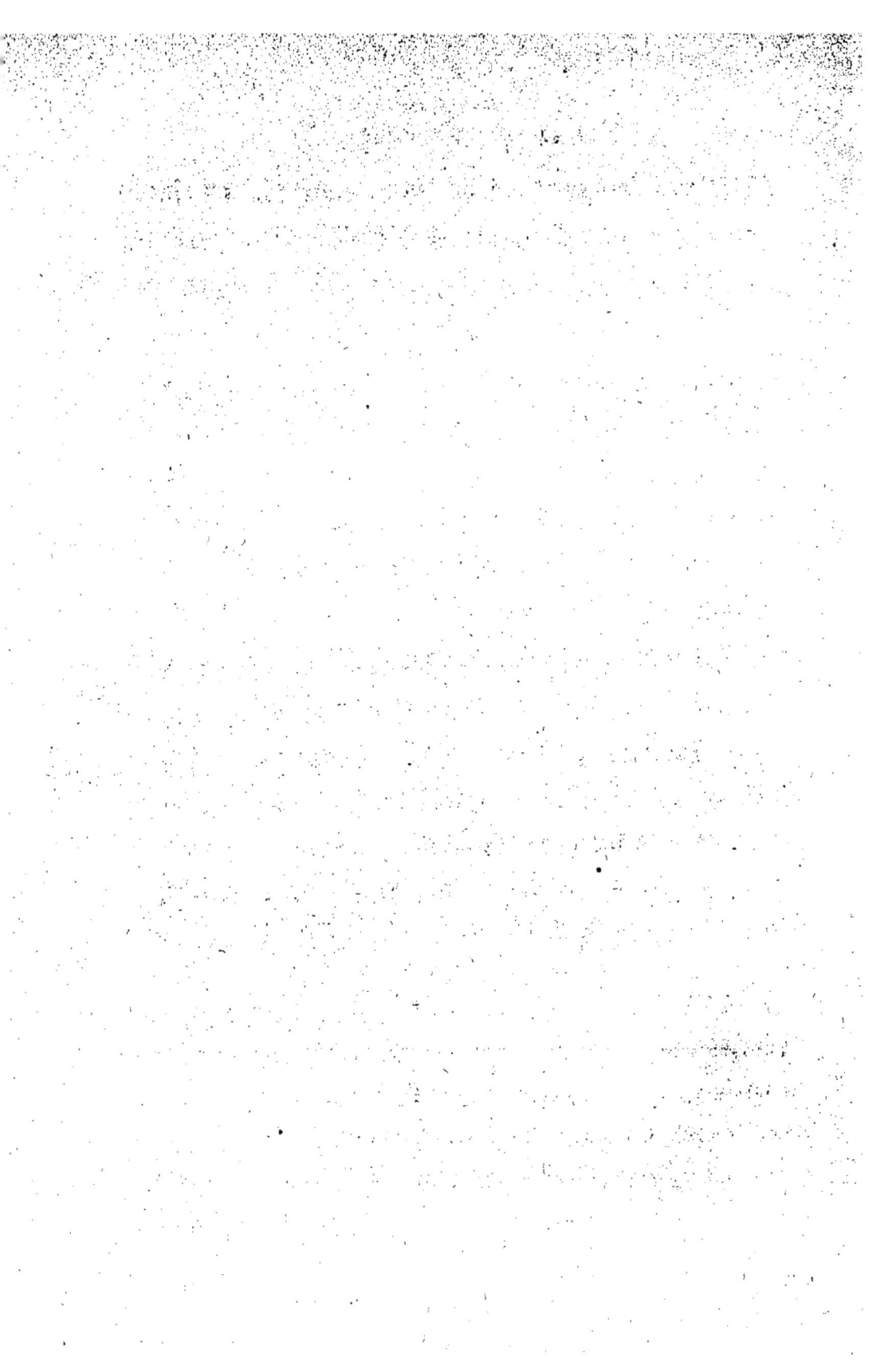

LETTRE

DU

DOCTEUR J. H. BRIDGES

A

M. JOHN STUART MILL.

———

MONSIEUR,

Votre récent travail critique sur Auguste Comte sera lu par des centaines de personnes qui, vraisemblablement, n'en vérifieront pas l'exactitude en consultant ses écrits. De nombreux lecteurs, incapables où peu soucieux de se former une opinion personnelle, seront entraînés par le prestige légitime de votre nom à s'en tenir à votre jugement. Par l'âge, la réputation, la capacité, ma situation est de beaucoup inférieure à la vôtre, et je n'aurai de lecteurs que

parmi le nombre restreint de ceux qu'intéresse
le sujet, indépendamment du talent de celui qui
le traite. A vrai dire, j'estimerais cette lettre
quelque peu présomptueuse, s'il s'agissait de
conclusions tirées de mon propre fonds. Mon
excuse consiste en ce que je ne suis que l'inter-
prète et non l'auteur des vues que j'expose;
vues qui sont devenues miennes, il est vrai,
mais qui émanent d'une intelligence supérieure
à la vôtre, à mon avis, beaucoup plus encore
que la vôtre n'est supérieure à la mienne.

Les adhérents complets de Comte, autant que
j'ai qualité pour parler en leur nom, ne regar-
deront pas votre récente publication comme
l'œuvre d'un antagoniste. C'est l'œuvre d'un
allié incomplet, et partant, à leurs yeux, sans
autorité. Signaler ce manque d'autorité est l'un
des objets de cette lettre; l'autre consiste à relever ce qui me paraît constituer des inexactitudes ou des erreurs graves dans la censure que
vous faites de ceux des principes de Comte qui
diffèrent des vôtres.

Je voudrais commencer, cependant, par constater dans quelle ample mesure vous acceptez
l'œuvre de Comte. C'est à ce point, que les lecteurs de vos précédents écrits n'étaient guère,

j'imagine, préparés à une telle adhésion. Quoi qu'il en soit, l'intérêt qu'éveille le nom de Comte dans diverses fractions de la société anglaise ne peut qu'être vivement stimulé, lorsqu'un philosophe d'une aussi haute réputation que vous adopte publiquement, non-seulement les principales doctrines de la *Philosophie positive*, qui sont devenues depuis vingt ans le domaine commun des penseurs européens, mais aussi plusieurs des principes essentiels de la *Politique positive*, ce second ouvrage de Comte que le public persiste à croire inférieur et opposé au premier, tandis que l'auteur, depuis sa jeunesse, a toujours considéré la *Philosophie positive* comme la simple base de l'autre œuvre.

Car non-seulement vous acceptez pleinement ce que vous nommez « la colonne vertébrale » de la philosophie de Comte, le *nœud essentiel*, comme il l'appelle lui-même dans ses derniers écrits, et sans lequel ses constructions sociales eussent été impossibles, c'est-à-dire sa découverte de la loi des trois phases par lesquelles passe toute conception humaine, et sa classification des sciences, basée sur la simplicité ou la complexité relative qui détermine la rapidité de leur transition par ces phases ; non-seulement vous exprimez sans restriction votre admiration pour la force et le succès avec lesquels ces conceptions sont appliquées successivement à chacune des sciences physiques, et finalement à l'analyse de l'histoire de l'homme ; mais quand, quittant la *Philosophie positive*, vous vous tournez vers les « spéculations dernières », c'est-à-dire vers l'effort constructeur pour lequel toute la vie antérieure de Comte ne fut qu'une préparation volontaire et raisonnée, il semblerait que les propositions suivantes, parmi les plus caractéristiques, et pour ne point parler des points secondaires, ont obtenu votre entière approbation.

1° Le but direct de la *Politique positive* était de proclamer et d'inaugurer la religion de l'Humanité. On a repoussé avec amertume et mépris le droit du positivisme au titre de religion. Nul ne l'a plus clairement et plus énergiquement revendiqué que vous-même. Nul n'a plus éloquemment parlé de la grandeur et de la beauté de l'objet vers lequel tend cette religion, ni de la « majesté » de la conception de l'Humanité « remontant dans les arcanes inconnus du passé, embrassant le présent sous toutes ses formes, et descendant dans l'infini, dans l'impénétrable

avenir » (1). Sur cette donnée fondamentale des
« spéculations dernières » de Comte, vous êtes
tout à fait d'accord avec ses partisans complets.

2° L'éthique du positivisme a été résumée
par son fondateur dans ces trois mots : *vivre pour
autrui*. Quoi qu'on en ait dit, Comte n'a certes
pas prétendu pour ceci à l'invention d'une vérité
nouvelle. Il savait vraiment bien, et cela est
même l'essence de sa doctrine sur la nature humaine et sur l'histoire, que cette maxime avait
été pratiquée instinctivement par des hommes
justes et grands dans tous les âges et dans tous
les pays. Il savait aussi que des maximes fort
analogues avaient été explicitement énoncées
dans plusieurs livres sacrés. Il n'ignorait ni la
règle dorée : *Fais à autrui ce que tu voudrais
que l'on te fît*, ni le précepte : *Aime ton pro-
chain comme toi-même*, que l'on trouve dans
Confucius, dans le *Sermon sur la montagne*, et
dans maints autres livres anciens. Mais il pré-
férait sa propre façon de l'énoncer, d'abord
parce qu'elle évite toute mention du moi, ensuite parce qu'elle semble être une proposition

---

(1) *Westminster Review*, vol. XXVII, p. 7.

plus simple et moins chimérique. Nul plus que
Comte n'a eu la certitude que les passions de
l'égoïsme, ou amour de soi, sont plus fortes que
celles de l'altruisme, ou amour d'autrui, et que
d'ailleurs cette supériorité de force se main-
tiendra toujours, plus ou moins atténuée, chez le
plus grand nombre des hommes. Que son idéal
soit presque impossible à réaliser, il n'en dou-
tait pas ; mais ce n'en est pas moins le but qu'il
faut s'efforcer d'atteindre, la pierre de touche
de notre progrès moral. Cette maxime a l'avantage d'être la seule et unique de son système,
de n'être compliquée par aucune autre. Ce n'est
pas le second de deux commandements, c'est
le premier, et de second il n'y a en pas.

Plus loin, j'examinerai vos objections relativement à l'application de ce principe. Pour le moment je désire seulement faire remarquer votre
accord essentiel. « Il entre autant dans notre
plan, dites-vous, que dans celui de M. Comte,
que l'une des fins principales de l'éducation, individuelle et collective, soit la culture directe de
l'altruisme, et sa prépondérance sur l'égoïsme,
bien au delà de la limite du strict devoir (1). »

---

(1) *Westminster Review*, p. 13.

3° Nulle part l'esprit de l'enseignement de Comte ne se heurte plus rudement contre la débile sentimentalité de notre temps que lorsqu'il fait valoir la discipline ascétique. Nous avons poussé le « laisser-aller » et le bon plaisir jusqu'à leurs limites extrêmes, à ce point que ce ne sont plus seulement les droits de l'homme à faire ce qui lui plaît qui sont hardiment maintenus, mais aussi les « droits de l'enfant ». Ici, du reste, vous appuyez Comte volontiers ; et lorsque, par des considérations plutôt sociales que personnelles, il maintient la valeur de l'éducation physique et des règles hygiéniques, vous êtes encore et sans réserve de son avis.

4° Le problème le plus difficile et peut-être le plus important qui ait été discuté dans la *Politique positive*, c'est la question de la propriété. Jusqu'à ce qu'elle soit résolue, toute autre question liée aux complications de notre système industriel doit rester en suspens. Comme Comte, vous parlez avec un profond respect du principe que renferme le communisme moderne ; comme lui, vous rejetez absolument la solution communiste. La solution que donne Comte pour mettre fin à l'excitante controverse

entre le capital et le travail, n'est ni matérielle
ni politique ; elle est morale. Elle est basée sur
cette grande conception que tout citoyen « devrait être habitué à se considérer, non pas
comme un individu travaillant pour son intérêt particulier, mais comme un fonctionnaire
public (1). »

Dans la propriété, dit Comte, le positivisme voit surtout une indispensable fonction
sociale, destinée à former et à administrer les
capitaux par lesquels chaque génération prépare les travaux de la suivante (2).

Entre votre solution du problème industriel et
celle de Comte, la différence me paraît donc peu
marquée. Vous « souscrivez entièrement » à son
opinion que « le droit moral de chacun à être
pourvu dans ses besoins personnels n'est pas
une question de *quid pro quo* eu égard à sa coopération, mais de *combien*, eu égard à ce que les
circonstances de la société permettent de lui
assigner. »

Vous regardez « la grossière méthode actuelle

---

(1) *Westminster Review*, p. 14.
(2) *Politique positive*, vol. I, p. 156.

d'établir par la concurrence du marché la part du travailleur dans le produit, « non comme le mode final, mais comme la première ébauche d'une distribution équitable. »

Ni vous ni Comte n'êtes disposés à intervenir dans le système actuel à la façon violente et artificielle des communistes. « Mais jusqu'à ce que travailleurs et patrons exécutent l'œuvre industrielle avec l'esprit qui anime les soldats exécutant l'œuvre d'une armée, l'industrie ne sera jamais moralisée. Jusqu'alors la vie militaire, en dépit du caractère anti-social de son objet direct, restera ce qu'elle a été, ce qu'elle est encore, la grande école de coopération morale. » La pensée est de Comte, les mots sont de vous.

5° Il découle comme corollaire de cette conception de la propriété, que le riche oisif ne devrait pas exister. L'opinion de Comte, ainsi que vous l'exprimez vous-même, est « qu'une vie facile, toute d'agrément et de plaisir, bien que tolérée par la loi, devrait être tenue pour si dégradante que, par simple pudeur, personne n'en voudrait accepter le déshonneur. » Ici vous croyez que Comte « a trouvé un principe vrai, vers lequel tend de plus en plus l'opi-

nion de l'Europe moderne, et qui est destiné à devenir l'un des principes constitutifs de la société
régénérée. » Vous croyez avec lui « qu'à l'avenir disparaîtra la classe des propriétaires vivant
à l'aise, de leurs revenus, et que chaque pro-
priétaire sera un capitaliste versé dans l'agri-
culture, surveillant et dirigeant l'exploitation de
ses terres. Nul autre que celui qui conduit l'ouvrage ne doit avoir le contrôle des outils (1). »

6° Votre dissidence avec Comte n'est sans
doute nulle part plus grande que dans vos
théories respectives sur la famille. Cependant
il y a trois points importants où vous croyez la
théorie de Comte «en progrès sur les théories ré-
gnantes et sur les institutions en vigueur. » Vous
êtes d'accord avec lui : 1° en pensant « que le
père ne doit rien à son fils, sauf une bonne éducation et une aide pécuniaire suffisante pour son
entrée avantageuse dans la vie ; qu'il a le droit
et peut avoir l'obligation morale de laisser la
masse de sa fortune à une ou plusieurs personnes
étrangères, choisies par lui, selon qu'il les juge
capables d'en faire l'usage le plus utile ; 2° sur

---

(1) *Westminster Review*, vol. XXVII, p. 21.

« le rétablissement de l'adoption, non-seulement à défaut d'enfants, mais afin que soient remplies les charges, satisfaits les besoins de sympathie auxquels, dans certains cas, tels enfants pourraient manquer ; » 3° sur « l'incorporation des domestiques à titre de membres essentiels de la famille. »

Il n'est peut-être pas un point de la théorie de Comte qui choque plus directement que celui-ci les préjugés du xix° siècle, les préjugés anglo-saxons surtout ; aussi la répugnance que cette façon de voir soulèverait aux États-Unis trouve rapidement son équivalent en Angleterre. Permettez-moi de rapporter votre propre langage à ce sujet. « Il n'y a guère dans la constitution actuelle de la société de partie plus essentiellement vicieuse, plus moralement préjudiciable de part et d'autre que les relations entre maîtres et serviteurs. Le sentiment du vulgaire de toute classe, que le service domestique comporte en soi quelque chose d'abject, est un sentiment tel qu'il n'y en a pas de plus méprisable. Aux temps féodaux, de jeunes nobles du plus haut rang se croyaient honorés de remplir ce qu'on nomme aujourd'hui des offices serviles auprès des supérieurs des deux sexes qui étaient dignes de leur

respect. D'ailleurs, ainsi que le fait remarquer
M. Comte, nombre de familles ne sauraient servir plus utilement l'Humanité qu'en donnant
leurs soins aux nécessités corporelles de telles
autres familles appelées à des fonctions qui exi-
gent l'emploi de toutes leurs facultés (1). »

7° Il est un principe essentiel du positivisme
que Comte n'a développé, comme le sujet l'exige,
que dans ses derniers écrits ; mais toute la période de son activité philosophique en a été ani-
mée, et il l'a clairement énoncé, soit dans la
Philosophie positive, soit dans ses écrits anté-
rieurs à cet ouvrage : c'est, que la puissance intellectuelle, non moins que la puissance finan-
cière, doit être soumise à un contrôle moral.
L'ardent appel qu'à vingt-quatre ans Comte fit
aux penseurs scientifiques de l'Europe démontre d'une façon concluante l'unité des desseins
qui, du premier au dernier jour, remplit son existence. J'aurai plus loin l'occasion de revenir
sur cet appel, car il réfute sans retour l'opinion
propagée avec insistance par les critiques de
Comte, que ses « spéculations dernières » et les

---

(1) *Westminster Review*, p. 23.

premières sont disparates et contradictoires.
Pour le moment, je ne veux faire remarquer que
votre assentiment, sans doute partiel et condi-
tionnel, au principe capital en question. En face
de la doctrine qui enseigne qu'au temps où nous
vivons la réglementation de nos forces intellectuelles est plus nécessaire, plus impérieuse que
leur développement, vous exprimez une « dissidence complète. » En revanche, vous admettez
que nul respect n'est dû à tout emploi d'intelligence dont le but n'est pas le bien de l'Humanité. Un tel emploi est tout juste au niveau
d'un amusement frivole, et doit être condamné
comme un gaspillage de temps lorsqu'il dépasse
les limites convenables d'un amusement. Et
quiconque, possédant une faculté capable de
rendre à l'Humanité des services dont le besoin
est urgent, la consacre à des spéculations, à des
études dont le besoin est nul, est par cela même
passible du discrédit qui s'attache à l'homme
justement suspect d'insouciance envers son espèce. » Comte lui-même ne s'exprima jamais
plus résolûment sur ce sujet. Et afin de préciser d'une façon plus complète votre pensée,
vous choisissez comme application l'exemple
favori de Comte parce qu'il est décisif, celui

de l'astronomie sidérale. « Il est assurément
difficile, dites-vous, de concevoir quel avantage considérable pour l'Humanité peut dériver
de la connaissance du mouvement des étoiles
doubles : si jamais cela nous importe, ce sera
dans un âge si prodigieusement reculé, que
nous pouvons nous permettre d'en négliger
l'étude, jusqu'au jour, du moins, où seront résolues toutes nos difficultés morales, politiques
et sociales (1). »

Cette préférence donnée, par des motifs moraux et sociaux, à une classe d'études sur une
autre, est précisément ce que Comte entend par
réglementation de nos forces intellectuelles, ou,
en d'autres termes, par « subordination de l'intelligence au cœur. »

Tels sont les points principaux (il y en a de
moins importants que j'ai passés sous silence)
sur lesquels vous admettez la valeur des « spéculations dernières » de Comte. Tout juge impartial avouera, je pense, que ce sont là des
points d'une grande importance. Des questions
telles que la réglementation des forces intellec-

_____

(1) *Westminster Review*, p. 27, 28.

tuelles, la nature honorable du service domestique, le contrôle de la propriété (c'est-à-dire
de notre système industriel tout entier) au
moyen d'influences morales, le mérite de la discipline ascétique, la culture directe des instincts
altruistes en leur subordonnant les instincts
égoïstes, enfin, l'existence et, si je puis ainsi
dire, la légitimité de la religion de l'Humanité ;
de telles questions, dis-je, occupent la portion
de beaucoup la plus considérable de la *Politique
positive*. Il reste maintenant à voir si, par d'évidentes déductions qu'impose la logique, ces
mêmes questions n'en embrassent pas la totalité. Ceci, bien entendu, tout en faisant la part
de certaines différences de détail que ni Comte,
ni ses disciples, ni ses critiques de bonne foi,
ne regarderaient comme de première importance.

Loin de moi l'intention de chercher une influence factice pour les principes que je sou-
tiens, en réclamant pour eux l'adhésion de
noms célèbres, lorsqu'en réalité cette adhésion
n'est pas réellement intentionnelle. Vous avez
mis hors de doute que vous n'acceptiez pas le
titre de positiviste dans la pleine acception du
mot, dans le sens qu'y attachait Comte lui-même,

sens qui a son côté pratique aussi bien que son côté moral et intellectuel, et qui vraisemblablement est le seul qui doive devenir permanent. Tandis que vous accordez la plus forte dose de louange à son œuvre philosophique, et que vous adoptez presque toutes les conclusions essentielles de sa synthèse religieuse, il reste une conclusion fondamentale que vous n'adoptez point : la nécessité d'un pouvoir spirituel organisé. Quelque éloignée que cette conception soit des préjugés révolutionnaires du jour, nous croyons qu'elle a des racines profondes dans la nature de l'homme et de la société humaine ; nous croyons que sans elle le reste de la synthèse de Comte, la partie que vous adoptez volontiers, ne vaudrait guère mieux qu'un rêve vague et incohérent. C'est ici que commence la différence essentielle entre vous et nous.

Mais avant d'entrer dans la discussion directe de ce point, je voudrais en finir avec une question que suggère la production même de votre volume. Y a-t-il, ainsi que vous, M. Littré, M. G. Lewes, et d'autres écrivains de grand talent l'ont affirmé, une contradiction fondamentale entre les premières et les dernières

spéculations de Comte? Existe-t-il entre elles
cette différence qu'il y a entre une saine méthode sagement et, en général, heureusement
appliquée, et une méthode radicalement fausse,
rencontrant parfois, comme par hasard, de bril-
lantes vérités, mais offrant en son essence la
preuve patente d'une dégénération mentale?
Ou bien y a-t-il, au contraire, dans chacun des
écrits de Comte, de 1822 à 1856, la preuve la
plus évidente, la plus irréfutable d'une complète unité de méthode et de plan, modifiée il
est vrai dans certains détails, non pas stagnante
et cristallisée, mais croissant et s'élargissant,
justifiant, enfin, au plus haut degré, cette définition d'une grande vie donnée par un poëte :
*une pensée de la jeunesse exécutée par l'âge
mûr ?* »

Cette question comporte une réponse très-
simple. Un court examen de certains écrits de
Comte que peu de ses critiques anglais semblent avoir consultés, établira que depuis le
début jusqu'au déclin de sa carrière le motif
principal servant de base à chacun de ses ouvrages, fut plutôt social qu'intellectuel, constructif
que spéculatif. S'il chercha à fonder une école
de philosophie, cette école n'était à ses yeux

2

qu'un instrument pour organiser un mode de
vie plus élevé.

La *Philosophie positive*, la seule parmi ses œuvres que vous soyez disposé à bien apprécier,
fut publiée durant les années 1830-1842. Mais,
de même que ce n'était pas le dernier de ses
écrits, ce n'était pas non plus le premier. Dans
l'appendice du quatrième volume de la *Politique
positive*, se trouve la réimpression d'une série
d'essais politiques et philosophiques publiés à
diverses dates, de 1819 à 1828. Ils sont tout
entiers remplis par l'examen des problèmes politiques et sociaux de la vie européenne au
xixᵉ siècle. C'est dans l'un de ces essais, publié
en 1822, qu'est pour la première fois exposé ce
que vous nommez avec tant de justesse la colonne vertébrale de la philosophie de Comte, sa
découverte de la loi des trois états, et sa classification des sciences. L'analyse de l'histoire moderne, identique dans son esquisse avec ce que
vous admirez si hautement dans la *Philosophie
positive*, y est appliquée en vue de spécifier la
vraie nature des maux dont nous souffrons, et les
seuls remèdes qui puissent nous en délivrer.
Comte y montre que le régime de la société au
moyen âge, s'est altéré, et qu'il est presque en-

tièrement détruit; que sa destruction était inévitable et juste, mais que rien n'a surgi pour le
remplacer. La philosophie critique, c'est-à-dire
révolutionnaire, a rempli son rôle de dissolvant;
elle est même encore nécessaire pour détruire
ce qui reste du vieil édifice; mais elle est tout
à fait impropre à la reconstruction. Il n'y a
d'autre espoir que de transporter les phénomènes politiques dans le domaine de la science.

En outre, Comte y indique deux séries entièrement distinctes de travaux nécessaires à la
réorganisation sociale : 1° travaux théoriques
ou spirituels, consistant dans la formation de
principes généraux devant guider la société ;
2° travaux pratiques ou temporels, consistant
dans la formation d'institutions conformes à
l'esprit du système.

La première de ces deux séries doit précéder
la seconde, et il faut qu'elle soit confiée à des
hommes pourvus d'une éducation scientifique.
Car de tels hommes sont les seuls qui, s'adres-
sant à des esprits rationnels et émancipés, puissent leur inspirer confiance. Eux seuls peuvent
vaincre ce préjugé, que chacun est juge compétent des questions les plus ardues. « L'unique
levier qui puisse renverser ce préjugé, dit-il, se

trouve entre leurs mains. C'est l'habitude con-
tractée peu à peu par la société, depuis la fondation des sciences positives, de se soumettre
aux décisions des savants pour toutes les idées
théoriques particulières, habitude que les savants étendront aisément aux idées théoriques
générales, quand ils se seront chargés de les
coordonner (1). »

Déjà, donc, Comte rendait claire et distincte sa
conception d'une classe théorique spécialement
vouée à l'étude particulière des phénomènes
sociaux, cette étude visant à des principes d'action sociale qu'accepterait la masse des hommes avec cette même foi intelligente qui leur fait
accepter maintenant les conclusions des astro-
nomes et des physiciens. Mais ces pensées sont
développées avec plus d'ampleur encore dans
un essai postérieur intitulé *Considérations sur
le Pouvoir spirituel*, publié en 1826.

De tout temps, dans chaque état de société, y
est-il dit, il a existé un pouvoir spirituel et un pouvoir temporel. Mais généralement ces pouvoirs
ont été plus ou moins amalgamés, ou tout au

_____

(1) *Politique positive*, vol. IV. Appendice général, p. 73.

moins l'un a dominé l'autre. La première tentative réelle, d'ailleurs imparfaite et passagère,
qui fut faite en vue de les séparer, eut lieu dans
le moyen âge. Cette séparation de l'Église et de
l'État est la grande part fournie par le moyen
âge à l'art politique. Le système du moyen âge
est dissous, et les efforts de l'école néo-catho-
lique pour le restaurer sont vains et impuissants. Mais nombreux sont les maux résultant
de sa dissolution. Dans les relations internatio-
nales elle a amené la discorde et l'hostilité ; au
lieu d'être, comme jadis, une chrétienté, l'Europe occidentale s'est morcelée en une collec-
tion d'États indépendants et souvent ennemis.
C'est d'elle que sont provenus les désordres in-
testins. C'est elle qui a laissé croître ce dogme
d'après lequel chacun s'institue son propre prê-
tre, c'est-à-dire se fait seul juge des questions les
plus ardues et les plus difficiles. Il n'y a pas de type
fixe pour la morale publique. La vie de l'homme
n'a plus de but. Les théories de l'intérêt personnel sont devenues souveraines. Les considérations nationales sont élevées à une importance
outrée. Des panacées constitutionnelles sont
propagées contre les misères morales et sociales. Les instincts philanthropiques, n'étant pas

guidés par des principes définis, sont par conséquent impuissants à lutter contre de forts
penchants égoïstes. Finalement, comme conséquence nécessaire de cette anarchie morale,
nous subissons l'oppression politique, la cen-
tralisation bureaucratique. *Car le seul moyen
de n'être pas gouverné est de se gouverner soi-
même* (1).

« La répartition actuelle des opinions, relativement au principe fondamental de la nécessité d'un pouvoir spirituel, présente à l'observateur impartial un contraste singulier et même
pénible. D'une part, ceux qui prennent la cause
de la vraie liberté, de la civilisation, ceux, en un
mot, qui s'annoncent comme ayant spécialement
une tendance progressive, et qui l'ont en effet
jusqu'à un certain point, dominés par le désir,
légitime en lui-même mais nullement raisonné,
d'éviter à tout prix la théocratie, suivent pour
cela une route qui, si elle pouvait être parcourue
jusqu'au bout, conduirait inévitablement, pour
ne pas tomber dans une anarchie complète, au
despotisme le plus dégradant, celui de la force

---

(1) *Appendice général*, p. 185-189.

dépourvue de toute autorité morale. D'une autre part, ceux qu'on accuse de tendance rétrograde, et qui, véritablement, méritent à quelque égard cette accusation, non dans leurs intentions philosophiques, mais dans les conséquences inévitables qu'entraînerait l'entière application de leurs doctrines, sont au fond les seuls dont les théories relèvent convenablement la dignité humaine, en constituant la supériorité morale comme le correctif et le régulateur de la force ou de la richesse (1). »

Que doivent être alors, se demande Comte, les fonctions du pouvoir spirituel?

Empiriquement, répond-il, nous pouvons les voir dans l'Église du moyen âge. Pour chaque relation sociale où intervenait le clergé catholique, il sera trouvé une attribution correspondante pour le nouveau pouvoir spirituel. Il ajoute qu'il faut néanmoins éviter avec grand soin de pousser trop loin ce parallèle, et de confondre ce qui dans le catholicisme est de valeur permanente avec ce qui n'est que d'importance temporaire.

---

(1) *Appendice général*, p. 191-192.

Arrivant à la théorie, sur ce sujet, il montre
que le gouvernement, qu'il comprend comme
étant l'influence dirigeante ou contrôlante exercée par toute la société sur ses parties, consiste
en deux genres d'action entièrement distincts et
hétérogènes ; le premier fondé sur la force et ne
prenant connaissance que des actes manifestes ;
le second fondé sur la persuasion et s'occupant
des penchants et des désirs des hommes. L'objet
de celui-ci est d'organiser l'opinion ; « son attribution principale est donc la direction suprême de l'éducation, soit générale, soit spéciale ; mais surtout de la première, en prenant
ce mot dans son acception la plus étendue, et lui
faisant signifier, comme on le doit, le système
entier d'idées et d'habitudes nécessaire pour
préparer les individus à l'ordre social dans lequel ils doivent vivre, et pour adapter autant
que possible chacun d'eux à la destination particulière qu'il doit y remplir (1). »

Ce pouvoir doit aussi exercer une influence
modificatrice sur la vie des adultes, et sur l'action collective et mutuelle des nations ; mainte-

---

(1) *Appendice général*, p. 194.

nir enfin, par l'influence morale « régulièrement
et constamment exercée sur les individus et sur
les familles d'hommes, l'observation pratique
des principes inculqués par l'éducation. »

« Le dogmatisme est l'état normal de l'intelligence humaine, celui vers lequel elle tend, par
sa nature, continuellement et dans tous les genres, même quand elle semble s'en écarter le plus.
Car le scepticisme n'est qu'un état de crise,
résultat inévitable de l'interrègne intellectuel
qui survient nécessairement toutes les fois que
l'esprit humain est appelé à changer de doctrines, et en même temps moyen indispensable
employé soit par l'individu, soit par l'espèce,
pour permettre la transition d'un dogmatisme
à un autre, ce qui constitue la seule utilité fondamentale du doute. Ce principe, qui se vérifie
dans tous les ordres d'idées, est applicable, à
bien plus forte raison, aux idées sociales, comme
étant à la fois les plus compliquées et les plus
importantes. Les peuples modernes ont obéi à
cette impérieuse loi de notre nature, jusque
dans leur période révolutionnaire, puisque toutes
les fois qu'il a fallu réellement agir, même seulement pour détruire, ils ont été conduits inévitablement à donner une forme dogmatique à

des idées purement critiques par leur essence.

« Ni l'homme ni l'espèce humaine ne sont des-.
tinés à consumer leur vie dans une activité sté-
rilement raisonneuse, en dissertant continuellement sur la conduite qu'ils doivent tenir.
C'est à l'*action* qu'est appelée essentiellement
la totalité du genre humain, sauf une fraction
imperceptible, principalement vouée par nature à la contemplation. Et néanmoins toute
action suppose des principes préalables de direction que les individus ou les masses n'ont
ni la capacité ni le temps d'établir, ou seulement
de vérifier, autrement que par l'application,
même dans le plus grand nombre des cas. Telle
est, sous le simple rapport intellectuel, la
considération fondamentale qui motive d'une
manière décisive l'existence d'une classe qui,
éminemment active dans l'ordre spéculatif, est
constamment et exclusivement occupée à four-
nir à toutes les autres les règles générales de
conduite dont elles ne peuvent pas plus se dis-
penser qu'elles ne sont aptes à les former, et
qui, une fois admises, leur permettent d'employer toute leur capacité de raisonnement à
les appliquer judicieusement dans la pra-

tique, en s'aidant pour cela des lumières de la ·classe contemplative, quand la déduction ou l'interprétation présentent trop de difficultés (1). »

Au point de vue moral, ainsi que Comte le démontre, la nécessité est encore plus urgente. En supposant même que les principes de bonne conduite soient de beaucoup plus évidents qu'ils ne le sont, les hommes ne sont gouvernés par leur raison ni totalement ni en majeure partie. Laissé à lui-même, l'homme dévie de la ligne droite, soit d'un côté, soit de l'autre, selon que l'y poussent ses diverses passions. Bien rares sont les cas où la moralité innée de l'homme suffit pour assurer sa rectitude.

L'état social amenant une augmentation constante de jouissances dans certaines directions, demande aussi un sacrifice croissant de jouissances dans certaines autres. La masse des hommes, laissée au jeu spontané de ses propres instincts, ne se résignerait pas volontiers à ce renoncement. Une pression extérieure est né-

(1) *Appendice général*, p. 204.

cessaire. Elle peut être la contrainte de la force physique, représentée par le gouvernement dans le sens ordinaire du mot ; elle peut être la pression morale du sentiment religieux, d'un pouvoir spirituel. Il n'y a de gouverné temporellement que ce qui ne peut l'être spirituellement ; c'est-à-dire qu'on ne régit par la force que ce qui ne peut l'être suffisamment par l'opinion (1).

Bien des causes de discorde, entre les classes ou entre les nations, continue-t-il, sont ou seront écartées par le libre développement du système industriel. Et, s'il faut en croire les économistes, nous n'avons qu'à laisser les choses suivre leur cours, et tout ira paisiblement. Mais, parce que le monde industriel a une tendance naturelle vers un certain ordre, tendance indubitable et que les économistes s'efforcent de mettre en relief, il n'y a pas de raison pour que cette tendance ne progresse pas beaucoup mieux dès qu'elle sera organisée et dégagée de maint péril évident qui la menace. Au contraire, elle prouve même combien cette organisation est chose possible.

(1) *Appendice général*, p. 203-205.

Tout en écartant beaucoup de dangers pour
l'ordre, le système industriel en a créé d'autres,
ainsi que les luttes croissantes entre le capital
et le travail, et nos guerres de l'Inde, de la
Chine et du Japon, le rendent suffisamment
manifeste. Les calculs de l'intérêt personnel ne
formeront jamais un lien d'union suffisant
entre les hommes. Ils ne sont guidés ni exclusivement, ni même généralement par de tels calculs. Les instincts guerriers sont dans l'homme
aussi bien que les instincts industriels du cas-
tor, pour ne point parler d'autres inclinations,
animales plus puissantes encore. Ce n'est pas
assez de l'intérêt, ce n'est pas assez non plus
de l'énoncé sèchement dogmatique de la vérité.

« Le développement inévitablement graduel
de la raison publique par rapport au sentiment
du besoin de réorganisation, présente naturellement un état passager, déjà atteint par un certain nombre d'esprits, où l'on admet la nécessité
d'une doctrine sociale, en méconnaissant encore
l'importance d'une classe investie de l'autorité
convenable, ayant pour destination spéciale et
permanente de la vivifier. Mais cette demi-
conviction, politiquement stérile puisqu'elle

revient proprement à désirer la fin sans vouloir
le moyen, ne saurait manquer de se compléter
promptement, quand elle sera très-répandue.
Car, après avoir compris réellement la nécessité intellectuelle, morale et politique d'une
doctrine générale, on ne peut tarder à sentir,
indépendamment de ce que toute doctrine suppose des fondateurs, que, sous chacun de ces
trois rapports, elle exige absolument des inter-
prètes, qui, d'un autre côté, se produisent spontanément ; de telle sorte que l'idée de *fonction*
et celle d'*organe* sont aussi inséparables, par la
nature des choses, dans la physique sociale que
dans la physiologie (1). »

Telles étaient en 1826 les idées de Comte sur
la réorganisation sociale. Je les ai rappelées
avec quelque étendue parce qu'elles démon-
trent l'unité de sa carrière d'une façon bien
plus saisissante qu'aucune parole de moi ne
l'aurait pu faire. Elles prouvent que la conception
d'un pouvoir spirituel organisé n'est pas l'une
des « spéculations dernières » de Comte ; bien
plus, elles établissent que ce fut l'une de ses

---

(1) *Appendice général*, p. 207.

premières, qu'elle fût formée dans la pleine vigueur de sa jeunesse ; que la reconstruction sociale fut, du début à la fin, le mobile dominant
de sa vie ; que l'ouvrage que vous, Monsieur, et
la plupart des écrivains philosophiques d'Europe admirez à si juste titre, fut élaboré sciem-
ment, non comme un tout achevé, mais pour
obéir au maître-dessein, comme l'assise nécessaire d'une éducation rénovée et de la fondation
d'un nouvel ordre social.

La *Philosophie positive* a été jugée et critiquée
comme s'il ne s'agissait que d'un simple système
théorique. Et pourtant l'étude du chapitre
qui l'ouvre et de celui qui la termine suffit
pour montrer combien cette façon de voir est
inexacte. L'objet social dont est pénétré le
traité tout entier y est mis en plein relief. Cet
objet est de soumettre toutes les spéculations
humaines, qu'elles soient mathématiques, physiques ou sociales, à une méthode scientifique unique ; de montrer les rapports de chaque classe de spéculations avec la science
sociale ; et ainsi, en fournissant une base
rationnelle à l'éducation et à l'organisation des
facultés humaines, de guider la société vers la
seule issue qui la mette hors des difficultés et

des périls qui l'environnent. « La profonde solidarité qui rattache nécessairement l'un à l'autre l'élaboration systématique de la philosophie positive et l'avénement social de la cause populaire, » tel est le point de mire observé et toujours en vue d'un bout à l'autre du traité (1). Ce n'est pas l'ouvrage principal de Comte, et lui-même ne le considérait pas comme tel. Il le regardait comme la préparation à sa *Politique positive*, comme la base sur laquelle devait reposer son système de reconstruction sociale.

Ceci, du reste, ne prouve rien quant à la justesse ou à la valeur des vues sur lesquelles vous n'êtes pas d'accord avec lui. Mais par là est entièrement détruit ce préjugé que vous et d'autres écrivains avez essayé de soulever contre elles, et qui faisait des pensées dernières de Comte les glanes d'un grand esprit dont la pleine moisson était déjà fauchée, les dernières fouilles d'une mine montrant encore çà et là de riches paillettes parmi les

---

(1) Voir surtout les chapitres 57 et 60, de la *Philosophie positive*.

scories, mais portant les traces évidentes de l'épuisement final.

La philosophie de Comte, dans ses jeunes années aussi bien que dans sa maturité, n'était pas une fin, mais un moyen pour une fin ; et celle-ci était l'organisation d'un pouvoir spirituel comme condition la plus indispensable de la régénération de la société européenne. A aucun moment de la vie de Comte le positivisme n'a été présenté comme un système philosophique. Du premier au dernier jour ce fut « une philosophie *et une politique* » ; ou, pour exprimer ces deux mots, et quelque chose de plus, en un seul, le positivisme, dans l'esprit de Comte, fut d'abord implicitement ce qu'ensuite il devint explicitement, une *religion*.

Il faut donc vous rendre à l'évidence d'un fait inéludable : tout le prestige de cette vigueur mentale, qui dans l'esprit de tout penseur européen est inséparable du nom de Comte, peut être revendiqué pour ses vues sociales non moins que pour ses vues philosophiques. Au moins faut-il reconnaître que celles-là n'ont pas été conçues durant une période de déclin, mais simultanément avec celles-ci. Il vous est loisible de séparer en votre esprit sa phi-

losophie d'avec sa politique ; il ne vous est
pas loisible d'affirmer qu'en son esprit à lui
elles aient jamais été conçues à part l'une de
l'autre.

Je ne me propose pas dans cette lettre de
toucher à tous les points sur lesquels vous vous
déclarez en désaccord avec l'opinion de Comte.
Vous avez soulevé bien des questions qui, tout
en étant d'un profond intérêt philosophique,
seraient étrangères au but immédiat de cette
discussion. Que Comte ait eu tort ou raison de
rejeter le mot *cause* de sa philosophie ; de se
refuser à traiter de la logique en dehors de ses
applications ; de répudier la psychologie en tant
que science séparée, et de critiquer aussi sévèrement qu'il l'a fait la grande majorité des
économistes, ce sont là des questions de grande
importance, mais qu'il est inutile de traiter
ici, lors même que j'aurais droit à les juger
avec une pleine compétence (1). Elles pourraient être toutes résolues dans le sens vers
lequel vous inclinez, sans que le dessein principal qui remplit la vie de Comte, et que cette

---

(1) Voir l'appendice placé à la fin de cette lettre.

lettre a pour but de rendre manifeste, en fût
matériellement affecté.

Comte n'a jamais prétendu à l'infaillibilité,
comme les lecteurs de votre livre pourraient
fort naturellement l'imaginer. « Il semblerait,
dites-vous, qu'en son esprit, la simple institution de la science de la sociologie équivaille à
son achèvement. » Eh bien, non-seulement ceci
n'est pas vrai, mais c'est l'inverse qui a lieu.
A la seule exception de son traité sur la philosophie mathématique, chacune de ses œuvres,
selon lui, demande la révision la plus complète
et la plus approfondie. Il a institué le positivisme, dit-il lui-même ; il n'a pas pu le constituer (1). A ses yeux, l'extension future de la doctrine positiviste paraissait s'élargir dans un domaine sans bornes. Mais, par la création d'une
saine méthode de recherche, par la connaissance
acquise de certaines lois primordiales, il y a,
pensait-il, un terrain assez ferme pour recevoir

_____

(1) *Politique positive*, vol. IV, p. 233. Voir aussi *Philosophie positive*, vol. VI, p. 570, où il parle de la science de
l'histoire comme suffisamment *ébauchée* dans ce traité, quelque imparfaite que doive être encore une étude aussi compliquée et aussi récente.

l'assise de cette construction sociale que demande avec tant d'urgence l'état politique et
moral de l'Europe moderne, et qui, constamment présente à l'esprit des penseurs philosophes, loin d'entraver et de paralyser leurs facultés spéculatives, devait les développer et les
ennoblir. Entre la synthèse positive et une
synthèse théologique quelconque, le catholicisme par exemple, il y a une immense différence. Celle-ci est absolue ; elle n'admet aucun
changement ; ses dogmes sont définitifs. Tandis
que la synthèse positive étant relative, elle
admet, elle exige même, par sa nature, un
développement et des modifications inces-
sants ; mais des modifications qui ne soient pas
arbitraires, un développement qui ne soit pas
incompatible avec l'organisation, ou plutôt qui
la présuppose. C'est le même contraste qu'entre
le cristal et la plante.

Quoi qu'il en soit, je laisse ce thème de côté,
et j'arrive aux principales objections que vous
avez faites contre les derniers écrits de Comte.
Je ne crois pas les présenter sous un faux jour
en avançant que la plupart se rangent sous
une même rubrique. Le *fons errorum*, pour user
de vos propres termes, est un désir désordonné

d'unité, qu'il s'agisse de la nature individuelle
de l'homme, ou des rapports collectifs de la
société.

Vous ne voyez point la nécessité d'une telle
unité, et la tentative qu'a faite Comte pour la
réaliser l'a conduit, selon vous, « à viser à l'établissement d'un despotisme de la société sur
l'individu, dépassant tout idéal politique médité
par les disciplinaires les plus rigides parmi les
philosophes anciens (1). »

Vous admettez que ce despotisme serait édi-
fié « par des moyens moraux plutôt que lé-
gaux ; » admission importante, car dès qu'un
despotisme est soutenu non par la force physique, mais par la persuasion morale, c'est-à-dire
par la libre volonté de ceux qui s'y soumettent,
il ne paraît guère mériter ce nom. Tout au plus
pourrait-on l'appliquer par métaphore au cas
où les sujets d'un pareil contrôle seraient les
victimes de l'illusion et de l'ignorance. Mais,
selon toute vraisemblance, ce ne sont point là
précisément les résultats que doit engendrer le
système d'éducation de Comte.

_____

(1) Mill, *On Liberty*, p. 8, édition populaire.

Vous attaquez le code moral de Comte, non
pas à propos de son insuffisance, mais à cause
de sa trop grande rigueur. Il tend à l'ascétisme,
pensez-vous; s'il était appliqué dans toute sa
sévérité il anéantirait le jeu salutaire de beaucoup d'impulsions naturelles qui sont indis-
pensables au bonheur et à la grandeur de
l'homme. Vous dépeignez Comte, comme étant
trop profondément pénétré du sens absorbant
du devoir, comme « enivré de morale. » Vous
vous imaginez qu'il condamnerait avec une
rigidité calviniste toute action qui au su de son
auteur ne tendrait pas au bien de l'Humanité.
Vous croyez qu'il a élevé un modèle stoïque ou
séraphique hors de toute portée possible, et que
les vains efforts qu'il faudrait faire pour l'atteindre dépouilleraient la vie d'une grande
partie de ses rares jouissances.

Voilà vos opinions telles que je les com-
prends. Ce n'est pas sans quelque défiance que
je les transcris. Car, sur ce principe élémentaire de l'éthique, je ne puis trouver un clair
énoncé de vos vues personnelles ni dans vos
critiques sur Comte, ni dans tout autre de vos
écrits. Je ne connais pas de différence fondamentale entre votre conception d'une « règle de

vie » et celle de Comte, bien qu'en présentant
ses vues d'une façon notoirement inexacte vous
ayez très-bien réussi à prouver qu'il a tort. « Il
voulait, dites-vous, que la pierre de touche
de la conduite en fût aussi le motif exclusif.
De ce que le bien de l'espèce humaine est la
pierre de touche suprême du juste et de l'injuste, et de ce que la discipline morale consiste
à entretenir une vive répugnance contre toute
conduite nuisible au bien général, M. Comte
infère que le bien d'autrui est le seul mobile
d'action qui nous soit permis; et que nous de-
vons chercher à réprimer tous les désirs qui
tendent à notre bien-être personnel, en les privant de toute satisfaction qui ne serait pas
d'absolue nécessité physique. A l'instar des
Calvinistes extrêmes, il exige que tous les
croyants soient des saints, et il les damne (à sa
manière) s'ils ne le sont pas (1). »

---

(1) *Westminster Review*, vol. XXVII, p. 12. La meilleure
réfutation de ce passage est le chapitre sur la famille (*Politique positive*, vol. II, chap. 3); Comte y indique la valeur
de la vie domestique comme transition de l'individualisme au
véritable esprit social. C'est l'alliage d'égoïsme dans les relations de famille qui leur donne l'énergie nécessaire à ce but.

Beaucoup de vos lecteurs tiendront pour
chose dite votre façon de présenter les vues de
Comte, et se dispenseront d'étudier le sujet
davantage. Ceux qui préfèrent voir par leurs
propres yeux trouveront combien sérieusement
vous les avez induits en erreur. Loin de fixer
une mesure uniforme et rigide de perfection, à
laquelle chacun serait tenu de se conformer,
Comte est peut-être de tous les précepteurs moraux ou religieux le plus large et le plus ou-
vert ; celui qui, tout en déterminant un type
d'excellence plus haut que n'atteindront jamais
parfaitement les natures les plus élevées, fait en
même temps les plus larges concessions relativement au médiocre degré qui seul est à la
portée de la grande masse de l'espèce humaine.

Vous parlez des hommes sagaces et clair-
voyants qui ont créé l'éthique catholique et vous
répudiez à juste titre « ce banal reproche élevé
contre le catholicisme, d'avoir deux mesures de

C'est en vertu de leur imperfection même que les affections
domestiques deviennent les seuls interméciaires spontanés
entre l'égoïsme et l'altruisme. Comte parle fréquemment de la
puissance des motifs intéressés pour fortifier les inclinations
bienveillantes.

morale, et de ne pas rendre obligatoire à tous
les chrétiens la plus haute règle de la perfection
chrétienne. » Dans le positivisme, la mesure
morale n'est pas double, mais infinie. Guidé
par cette relativité qui est peut-être son caractère le plus essentiel, et par cet autre trait non
moins essentiel de réalité, à savoir, la prise en
considération de tous les faits fondamentaux de
la nature humaine, le jugement positiviste tient
compte, aussi pleinement que possible, de toute
circonstance modificatrice de temps, de lieu,
d'éducation, d'hérédité, et fait une large part à
la faiblesse ordinaire de la moyenne des hommes.
Conciliant en fait, inflexible en principe, telle est
la devise d'après laquelle Comte, personnelle-
ment, chercha toujours à se guider. Ceux qui
l'ont le mieux connu, et qui ont le mieux pu
apprécier sa sincérité et son courage incompa-
rables, ont pu non moins reconnaître avec quel
zèle il désirait, comme saint Paul, être « tout à
tous. »

Entre la théorie de l'éthique et son application pratique il y a une différence considérable ;
c'est la même qui existe dans toute autre branche des recherches humaines. La division entre
la théorie et la pratique, entre l'abstrait et le

concret, entre la science et l'art, entre des tendances idéales et des résultats réalisés, se laisse
de suite apercevoir dans presque chaque partie
des écrits de Comte. Si simple qu'à première
vue cette distinction paraisse, c'est pour avoir
totalement manqué de la reconnaître que l'on
a produit les neuf dixièmes des malentendus
étranges relatifs à la nature de sa doctrine. S'il
eût assez vécu pour écrire son traité projeté sur
la morale, dont un volume devait être consacré
à la théorie de la nature humaine, et l'autre à
sa culture pratique, peut-être ces malentendus
auraient-ils été impossibles, même pour ceux
qui auraient voulu les propager. Telle qu'elle
est, son opinion est cependant facile à saisir
pour quiconque lit de bonne foi la *Politique
positive*.

De même que la définition du cercle, par le
mathématicien, ne correspond à aucun objet
visible ou tangible, mais est purement idéale ;
de même qu'aucun projectile ne se meut dans
le trajet parabolique que lui assigne le physi-
cien ; de même que la séparation que le biologiste fait entre la vie organique et la vie animale
est toute subjective, et n'est ni vue ni comprise
par l'observateur inexercé ; de même en est-il

des théories du sociologiste et du moraliste. La
sociologie abstraite ou théorique indique les
principes d'équilibre communs à toutes les sociétés, les principes de développement que
toutes les sociétés tendent évidemment à suivre
plus ou moins. L'éthique théorique ou abstraite,
tenant compte des données fournies par les deux
sciences précédentes, propose un type idéal de
la nature humaine. C'est-à-dire qu'étant données une certaine condition de la société et une
certaine organisation physique, ces deux sciences instituent le type parfait de la conduite humaine, le caractère distinctif d'une telle perfection n'étant ni le bien de soi-même, ni même
celui d'autrui, si par autrui l'on ne comprend
que la génération contemporaine, mais ce qui,
d'après le meilleur jugement qui puisse être
formé, semble être le bien constant de l'humanité. Pour arriver à ce type de conduite d'une
perfection abstraite et idéale, il y a mille degrés
d'approximation concrète, plus ou moins imparfaite. Et quant au point jusqu'où il est réellement possible d'extirper les faiblesses inhérentes
à la nature humaine, Comte, plus qu'aucun philosophe, s'est soigneusement mis en garde contre
toute espérance exagérée. « Malgré cet ensemble

de moyens intérieurs et extérieurs, il sentira bientôt que l'extrême imperfection de la nature humaine oppose d'éternels obstacles à la mission caractéristique du positivisme, la prépondérance habituelle de la sociabilité sur la personnalité (1). »

Ceci posé, examinons la théorie morale de Comte, et voyons jusqu'où cette théorie, ou son application pratique, justifie votre censure. Il sera bon de commencer par ce que vous qualifiez de « *fons errorum* » dans les spéculations dernières de Comte, c'est-à-dire sa recherche outrée de « l'unité ; » « travers original de l'esprit, dites-vous, très-commun chez les penseurs français. » C'est plutôt, répondrai-je, la première et la plus évidente condition qu'en vertu même de leur ministère, les rénovateurs moraux et religieux, quels qu'aient été leur temps ou leur pays, se sont donné pour tâche de remplir.

Il est certain que le mot unité revient très-souvent dans les œuvres de Comte, et que la conception qui en ressort était, à ses yeux, d'une

---

(1) *Système de politique positive*, tome Ier : Discours préliminaire sur l'ensemble du positivisme, p. 267.

vaste importance. Mais il est urgent de préciser
d'abord le sens que Comte attachait à ce mot
unité ; car il en est un dont il nie la réalité plus
énergiquement qu'aucu penseur européen. Ce
qu'il appelait unité objective, c'est-à-dire la
réduction de l'univers entier à un principe fondamental, ou son attribution à une seule cause
première, était, selon lui, un effort tout à fait
hors de la portée des facultés humaines, partant
à éviter, comme entraînant à un exercice rui-
neux et insensé de ces facultés. Sa conviction de
l'impossibilite d'une unité objective l'amenait
à condamner bien des notions scientifiques à la
mode. Le *Cosmos* de Humboldt, par exemple,
était une tentative de vue synoptique de l'univers, et reste une preuve patente de son impossibilité. De même la notion de l'identité nécessaire des diverses forces naturelles, gravitation,
chaleur, vitalité, etc., ne trouvait point grâce à
ses yeux. Des essais tels que ceux de M. Herbert
Spencer, cherchant à découvrir l'origine pro-
bable de toutes les formes naturelles, organi-
ques et inorganiques, dans la matière nébuleuse,
de tels essais, dis-je, lui auraient paru tout aussi
chimériques que les efforts de Thalès et des
autres métaphysiciens des premiers âges, pour

déduire toutes choses du principe de l'eau ou du feu. Toute tentative semblable, pensait-il, trahit un oubli total des limites étroites des forces humaines. Admettre comme indubitable que dans tout l'Univers la matière obéit aux mêmes lois qui la régissent dans notre système solaire, ou dans les deux ou trois systèmes stellaires dont nous avons quelque connaissance, lui semblait extrêmement présomptueux. C'est cette erreur que condamnait Bacon sous le nom d'*idole de la tribu* (1). La répudiation de l'unité dans le sens objectif du mot est de l'essence même de la philosophie positive. C'est l'unité dans le sens subjectif, l'unité non absolue, mais relative à l'homme, qui seule est possible, partant seule désirable.

Par unité subjective, dans son acception la plus large, Comte entendait cette condition des-

---

(1) L'entendement humain, suivant sa nature particulière, suppose aisément un plus haut degré d'ordre et d'égalité dans les choses qu'il n'en trouve en réalité ; et bien que dans la nature nombre de faits soient *sui generis*, et des plus irréguliers, il n'en invente pas moins des parallèles, des conjugués, des relatifs, là où rien de pareil n'existe.

(*Novum Organum*, L. 1, chap. XIV.)

pensées, des actions, des sentiments humains
qui combinerait le maximum d'énergie avec le
minimum de perte. C'est un état dans lequel
aucune force n'est perdue par divergence, ni
affaiblie par antagonisme ; dans lequel toutes
les forces convergent, *et convergent librement*,
vers un but commun. Ce but, pour les positivistes, est le bien de l'Humanité. Car aucun
autre but ne satisfait aux conditions du problème. Les objets imaginaires du culte théologique, satisfaisant les premiers âges de l'esprit,
satisfaisant aussi l'incessante aspiration de notre
cœur vers quelque chose hors de nous-mêmes,
entraînent la raison, lorsqu'elle est arrivée à
l'état de maturité, à une lutte désespérée contre
la foi. Les mythes du polythéisme se heurtaient
contre les découvertes les plus élémentaires de
la science. Le monothéisme, plus compatible
assurément avec la conception de la loi scientifique, contient néanmoins une difficulté beaucoup plus grande qu'aucune de celles soulevées
par le polythéisme : la coexistence d'une sagesse
omnipotente et du mal moral. C'est pourquoi
la croyance théologique, suscitant ainsi un
conflit entre la raison et la foi, entre l'intelligence et le cœur, par conséquent une perte de

force, ne satisfait pas aux conditions requises.
Elle ne peut plus, dans l'état avancé de l'esprit
humain, être la source de l'unité, de cette libre
convergence des forces de l'homme, de ce
libre jeu de chaque faculté, de chaque fonction,
qu'au point de vue physique nous appelons
santé, et, au point de vue moral, religion.

Mais ces conditions d'unité ne peuvent non
plus être remplies par une fin personnelle quelconque. La satisfaction de n'importe quel instinct
égoïste, la gloutonnerie, la luxure, l'avarice, la
férocité, l'ambition, assure, il est vrai, un résultat momentané, aussi longtemps que cet
instinct demeure prépondérant. Chez ceux qui
sont entièrement livrés au joug de l'un de ces
instincts égoïstes, nous voyons un modèle d'u-
nité morale qui, par sa perversion même, peut
servir à donner un exemple du vrai type. Chez
le vicieux achevé il y a une force résultant de la
conservation et de la concentration de l'énergie,
avec laquelle ne pourra probablement jamais
rivaliser celle de l'homme en qui le bien et le
mal sont en lutte. Seul l'homme complétement
bon (permettez-moi ces expressions idéales)
peut l'égaler et la surpasser.

Si l'unité dans le sens positiviste était chose

ne concernant que l'individu, de tels cas d'exception la réaliseraient suffisamment. Mais au point de vue social il en est tout autrement. La prépondérance complète de quelque instinct égoïste que ce soit se traduit, s'il est satisfait, par des actes incompatibles avec le bien-être social ; si, au contraire, l'instinct n'est pas satisfait, mais dûment réprimé par des moyens coercitifs, il en résulte une lutte intestine aboutissant à la misère, à la souffrance, à la mort. Le succès de l'ambition peut avoir (je ne dis pas qu'il en soit toujours ainsi) des désastres sociaux pour conséquence : son insuccès peut amener des maux aussi terribles, quoique secrets. Dans l'un et l'autre cas il y a antagonisme, gaspillage d'énergie, perte.

Il nous faut reconnaître, comme l'ont reconnu des hommes de tous les temps et de toutes les confessions religieuses, que la nature humaine est « merveilleusement faite, mais n'est pas bien faite. » La structure de l'œil ou du genou peut être ou n'être pas aussi parfaite que le déclare Paley ; mais une telle perfection n'a jamais été revendiquée en faveur de la nature morale de l'homme. Bien au contraire, les théologiens sont tombés dans l'erreur opposée en la décrivant comme totalement corrompue. En tout cas, une chose au moins est certaine, c'est que la façon de régler cette nature de manière à s'assurer, autant que faire se peut, l'état de santé, c'est-à-dire la plus grande énergie de chaque partie constituante, compatible avec l'énergie de l'ensemble, est, de tous les problèmes humains, le plus difficile et sans comparaison le plus important.

Personne mieux que Comte ne savait l'impossibilité de sa parfaite solution ; mais il a indiqué les conditions d'une solution approximative. A différentes époques de l'histoire du monde, l'œuvre qu'il a faite fut tentée avec plus ou moins de succès ; c'est la tâche de tous les grands instituteurs religieux. La religion, dans le sens le plus profond du mot, a toujours eu le même but, le même objet. Comte a refait l'œuvre de ses grands prédécesseurs d'une façon plus complète, plus distincte, plus positive, plus en rapport avec les formes modernes de la pensée.

L'unité, la santé, l'harmonie, dans la nature morale de l'homme, doivent être recherchées non pas par un encouragement libre donné à chacune de nos passions et à chacun de nos instincts également ; non pas, d'autre part, par la simple suppression ascétique et violente de tous, sauf l'un d'eux; mais par le développement conscient et systématique de ceux d'entre eux qui sont nobles et désintéressés. Essayer de faire prédominer les instincts altruistes sur les instincts égoïstes, tel doit être le but de nos efforts; c'est un but qui ne sera jamais atteint, ou rarement et par bien peu, mais auquel il faut viser sans cesse. Les instincts égoïstes ne doivent pas être anéantis, mais ils doivent être subordonnés, leur action restant libre autant que le comporte la prépondérance des instincts plus élevés. — Est-ce là une contradiction? — Prenons le cas d'un soldat au milieu d'une bataille, tenu de risquer sa vie pour le bien commun. Ce noble devoir écrase-t-il, annule-t-il, ou subordonne-t-il seulement le plus bas de tous les instincts personnels, celui de sa propre conservation? Est-il interdit à ce soldat de défendre sa vie? Loin de là, il lui est impérieusement commandé de la sauvegarder autant que le permet l'accomplissement de son devoir. Les limites exactes en deçà desquelles la satisfaction des instincts personnels est légitime ou désirable, ne sauraient être fixées par la théorie. Elles doivent varier selon le temps, le

lieu, la circonstance et le tempérament. Il y a
place ici pour une variété infinie, pleine carrière et constant exercice pour l'expérience, le
sens commun et la sagesse pratique. La règle ne
saurait être la même pour l'enfance que pour
l'âge mûr, pour les faibles que pour les forts,
pour les hommes instruits que pour les igno-
rants, pour les temps de haute tension et de
péril que pour les temps de progrès tranquille
et paisible.

La règle pratique de conduite, dis-je, serait
diverse; la théorie, le principe de santé, ou
d'unité, si vous consentiez enfin à tolérer ce
mot, reste seul invariable au milieu de toutes
les diversités. D'une manière ou d'une autre, à
un degré ou à un autre, subordonner le motif
intéressé au principe d'abnégation, reconnaître
que la vie nous est donnée non pas uniquement,
ni même principalement, pour notre propre
jouissance, mais surtout, sinon uniquement,
pour le service d'autrui; telle est et telle sera
toujours la première condition de santé spirituelle. Qu'elle soit rarement réalisée, cela
n'est que trop clair. Il est rare que les types
soient jamais réalisés. Mais que ceux qui ont
vu des exemples de cette réalisation se pro-

noncent et disent si la vie perd alors le peu de charmes que vous dites lui appartenir.

Je ne sais si les remarques qui précèdent vous sembleront des vérités banales ou des erreurs, car une partie de ce que vous dites y semble conforme, tandis que l'autre y paraît opposée.

Comment il se fait qu'en acceptant, du moins en appréciant avec admiration la religion de l'Humanité, vous soyez néanmoins contraire à la règle pratique de cette religion : *vivre pour autrui*, c'est ce qu'il vous appartient, et non pas à moi, d'expliquer. Ceux qui, à une période quelconque de leur vie, ont su ce que c'est que la religion, soit dans sa forme chrétienne, soit dans toute autre, ne voudront certes pas s'arrêter court où vous vous arrêtez.

Du consentement de tous les âges et de tous les peuples, Juifs, Indiens, Mahométans ou Chrétiens, la religion implique la consécration de chaque aspect de notre nature, de chaque fonction vitale, à l'invisible objet du culte ; la concentration sur cet objet, non-seulement de la pensée, non-seulement de l'émotion, mais encore et surtout de l'action. *Orare est laborare*.

« Priez, disait Loyola, comme si rien n'était

fait par le travail ; travaillez comme si rien n'é-
tait fait par la prière. »

Je sais bien que la plupart des auteurs métaphysiciens ou scientifiques de notre temps
ignorent cette vérité, ou cherchent à l'éluder.
Mais, ne pouvant et peut-être ne voulant pas
écarter tout à fait les phénomènes moraux liés
à la croyance religieuse, phénomènes qui s'imposent à leur attention partout où ils se tour-
nent, ils cherchent, par de vagues abstractions
panthéistes, à supprimer un sujet totalement
étranger à leur mode de penser. Si la religion,
ainsi que semblent le penser M. Herbert Spencer et M. Huxley, implique seulement la simple
reconnaissance de ce qui ne peut être connu,
sans entendre par là rien de semblable à l'aveu
que faisaient jadis les Athéniens d'un Dieu in-
connu, mais en s'appliquant uniquement à ce
fait évident et simple, que le savoir de l'homme
est limité et son ignorance infinie, eh bien,
c'est là un sujet qui mérite à peine une maigre
part de notre sollicitude (1). Cela peut don-

_____

(1) Je tiens cela pour convenu du moins. Ces deux écrivains sont trop loyaux pour se permettre l'ombre de la plus
légère équivoque à cet égard.

ner matière à quelques songes éveillés, sans doute, à quelques périodes de rhétorique, mais cela ne peut avoir aucune relation avec les pensées les plus sérieuses de l'homme, avec ses sentiments les plus solennels et les plus passionnés, avec la conduite pratique de sa vie surtout. En effet, sur la masse de l'espèce humaine, de telles vues n'auraient vraisemblablement que fort peu d'influence. Une religion qui ne commande aucune adoration, aucun sacrifice, aucun devoir pratique, n'est point une religion.

De ce que vous appelez le « *fons errorum* » de la doctrine de Comte, *fons veritatis*, plutôt, à mon avis, découle une autre conséquence non moins directe. J'ai défini sa conception de l'unité : cet état des fonctions morales, intellectuelles et physiques de l'homme qui permet la plus grande somme d'énergie effective, et dans lequel la plus grande vigueur de chaque partie est compatible avec la vigueur du tout, dans lequel toutes les forces humaines concourent librement vers une fin commune, le moins possible en étant perdu par antagonisme mutuel, ou par fausse direction. Il a été expliqué de même que la seule fin pour laquelle une telle conver-

gence soit possible est le bien de l'Humanité.
C'est là un état idéal à la perfection duquel il est
impossible d'atteindre ; mais la seule voie qui
permette d'en approcher est la lutte intime qui,
dans le cœur de chaque homme, tend à subordonner l'égoïsme à l'altruisme, les instincts de
l'intérêt personnel aux instincts désintéressés.
De là cette règle pratique de conduite : *vivre*
pour autrui.

Voilà ce qu'il faut pour régler les forces
morales de l'homme. Mais le même principe
ne s'applique pas moins à ses forces intellectuelles. La subordination de l'intelligence au
cœur est un caractère du positivisme non moins
essentiel que la subordination de l'égoïsme à
l'altruisme. C'est un point qui dans le monde
scientifique et littéraire soulèvera vraisemblablement une opposition encore plus vive. Il est
certain qu'on l'attaquera non-seulement par
une argumentation loyale, mais par le ridicule
et la parodie. Je désirerais que vous-même
l'eussiez traité avec plus de sincérité.

« *L'esprit*, dit Comte, *doit être le ministre du*
cœur, mais jamais son esclave. » Il était impossible de signaler plus clairement, en moins de
mots, les deux abus contraires de la force intel-

lectuelle, et cela tout en évitant l'un et l'autre :
celui du théologien d'une part, et celui du savant
spécialiste de l'autre. L'intellect de l'ecclésias-
tique, catholique ou protestant, est tenu de défendre certaines prémisses et d'en déduire des
conclusions. Mais il lui est défendu d'examiner
la vérité de ces prémisses. Il s'en repose, avec
ceux qui y croient sincèrement, sur une base
non pas intellectuelle, mais morale (1). Le
cœur, les sentiments, en ont, dit-on, besoin.
L'intelligence obéit passivement ; elle est l'esclave du cœur.

Une erreur tout opposée, et plus caractéristique encore du temps présent, est celle où
tombent beaucoup, je dirai la plupart de nos

---

(1) Sans doute, conformément à la loi du développement
intellectuel énoncée par Comte, il y a une époque dans l'histoire des individus et des sociétés, où l'esprit aussi bien que
le cœur requiert une forme quelconque, fétichiste ou théiste,
de croyance surnaturelle. Mais chez les grands penseurs du
moyen âge, tels que Thomas d'Aquin, saint Bernard, ou Dante,
cette époque était certainement passée. Ce fut une intense
sympathie pour les nécessités sociales de leurs contempo-
rains qui leur fit accepter et défendre énergiquement le catholicisme. Les lecteurs du *Paradiso* de Dante peuvent apprécier
combien était dur cet esclavage de l'esprit envers le cœur.

hommes de science ou de lettres, qui se révol-
tent contre l'idée d'appliquer un contrôle moral
quelconque à l'exercice de l'intelligence. Qu'un
libre essor, nous dit-on, soit donné à la recherche de la vérité. Le champ est vaste, riche est
la moisson. Que celui-ci s'avance dans cette
direction, celui-là dans cette autre, partout où
le guidera son inclination naturelle. Qu'aucune
condition ne soit imposée, qu'aucune contrainte,
qu'aucune influence ne soit exercée. Ils sont
inouïs, inimaginables, les résultats qui peuvent
jaillir d'une vérité nouvelle, quelque humble
et insignifiante qu'elle soit au premier regard.
Décourager l'explorateur, dans quelque sentier
qu'il se soit engagé, et si peu importants que paraissent ses travaux, c'est entraver le progrès
de la race humaine.

C'est ici que Comte et les savants spécialistes
du jour se trouvèrent en collision. C'est surtout
autour de ce pivot, ainsi que le savent les lecteurs de sa biographie, que tourna la lutte personnelle de sa vie. L'hostilité soulevée par l'enseignement de Comte dans le monde religieux
était minime relativement à celle excitée parmi les coteries scientifiques de Paris. Elles se
liguèrent ensemble contre un système si fa-

tal à leur prestige, si humiliant pour leur vanité ; et après avoir inutilement tenté de condamner la *Philosophie positive* à l'oubli par un silence soigneusement concerté, elles eurent finalement recours au plan non moins inefficace, quoique plus éhonté, de retirer à l'auteur ses moyens de subsistance.

J'ai déjà parlé du motif social qui forme la base de l'œuvre de Comte. Il fut ouvertement mis en avant dès le début de sa carrière. Il inspira chaque volume de la *Philosophie positive*. Il porta son fruit pleinement mûri dans le grand ouvrage dont la *Philosophie* n'est que la base. Économiser notre force intellectuelle, l'appliquer avec l'avantage le plus grand et la perte la moindre à la solution des problèmes ardus qui entourent la vie de l'Humanité, tel fut, des premiers aux derniers temps, l'un des principaux objets de son existence. Cette force, pensait-il, n'est pas surabondante. Économisons-la de notre mieux, concentrons-la, empêchons rigoureusement son mésusage, trop peu encore nous en restera pour sortir du dédale exaspérant qui laisse perdre tant d'efforts humains en une lutte destructive et ruineuse. Le conflit des opinions religieuses et sociales, et les passions qui en résultent, ont plongé de plus en plus profondément l'Europe dans la confusion. Des hommes, des familles, des nations qui auraient pu collaborer à la cause commune, ont été paralysés par le doute, irrités et neutralisés par l'antagonisme. Trouver la voie vers laquelle tend l'Humanité, écarter les obstacles au progrès social, prévenir les réactions, adoucir la violence d'inévitables secousses, en d'autres termes, appliquer au monde social et moral une portion de ce même génie scientifique qui, durant ces derniers siècles, a élaboré de si grandes merveilles dans le monde inorganique, c'était là un noble but pour les efforts combinés du xixᵉ siècle.

Les savants de France, émancipés comme ils l'étaient de la foi théologique, exercés à l'usage de la méthode inductive, furent les hommes auxquels Comte adressa son premier appel. Quittez, leur disait-il, quittez pour un temps vos questions secondaires, adonnez-vous pendant quelques générations à ce qui est plus pressant et plus urgent. Le champ intellectuel que je vous ouvre présente une occasion de labeur et une espérance de moisson bien plus amples qu'aucun de ceux où déjà vous êtes entrés. En

appliquant la méthode positive aux questions
de la vie morale et sociale de l'homme, le charme
entraînant d'une exploration à travers les ter-
rains vierges ne sera pas moins vif pour vous
que si, pour la première fois, vous dissipiez les
rêves alchimiques par les lois de la chimie, ou
substituiez la certitude astronomique aux su-
perstitions de l'astrologie. En vérité votre tâche
est plus rude, mais aussi plus glorieux serait
votre succès. Des sources d'inspirations incon-
nues aux autres explorateurs scientifiques vous
sont tout ouvertes. A l'enthousiasme du pur
chercheur, vous joindrez les sympathies de
l'homme, les énergies du citoyen républicain.

Les hommes à qui il s'adressait n'étaient pas
d'une portée intellectuelle ou morale à entendre
cet appel. Mais l'appel peut encore être entendu
de tous ceux qui veulent y répondre. J'aurais
imaginé que vous n'auriez pas refusé d'être
compté parmi ceux-ci. Dans vos précédents ouvrages sur la logique et l'économie politique,
vous avez donné de si fortes preuves de sympathie sociale comme de parfaite intelligence
des méthodes scientifiques, et vous avez si pleinement reconnu la valeur de l'application que
Comte fit de ces méthodes aux questions poli-

tiques et morales, que je n'étais guère préparé
au singulier déguisement de la vérité qu'on
remarque dans votre récente assertion, que
« M. Comte acquit graduellement une haine
réelle pour les études scientifiques et pour
toute recherche purement intellectuelle. » Pour
répondre à une allégation aussi extraordinaire,
il suffirait peut-être de dire que le dernier ouvrage sorti de ses mains fut un traité sur le sujet
le plus purement abstrait, la philosophie des
mathématiques.

Vous reconnaissez, il est vrai, ce qu'il serait
difficile de nier, le haut caractère de culture
intellectuelle qu'il propose pour les deux sexes.
Une complète initiation à tous les grands principes de la science mathématique, physique,
biologique et sociale, ne semble pas indiquer
« la haine des études intellectuelles. »

Qu'il considérât la période de la vie consacrée
à cette éducation comme exposée à un danger
très-sérieux, c'est indubitable. Que la concentration de l'esprit sur des sujets qui n'ont, à
première vue, aucune liaison avec la vie sociale
et pratique, tende, si rien ne la compense, à en-
durcir les sympathies et à développer la suffi-
sance vaniteuse, était certainement l'opinion de

Comte. J'imagine que peu d'hommes sensés, et encore moins de, femmes sensées, contesteront la justesse de cette opinion. Il croyait le danger assez sérieux pour exiger des précautions très-énergiques. Non-seulement on devait s'en préserver, selon lui, en combinant avec l'étude purement scientifique, d'autres sujets plus propres à stimuler le sentiment du beau et les sympathies sociales ; mais, dans l'étude de la science, même dans la plus abstraite de ses parties, l'élément humain devait être introduit, et, sans sacrifier les nécessités de l'exactitude la plus précise, s'y trouvait mêlé dans sa trame la plus intime.

Des nombreuses manières dont ceci devait être accompli, deux peuvent être mentionnées. Premièrement, le sentiment historique et les sympathies sociales qui en dépendent seraient cultivés, en signalant dans chaque cas la filiation de toute grande découverte. Secondement, il devait être sans cesse rappelé à l'élève que l'objet de l'étude n'est pas d'obtenir une vue synoptique de l'univers, projet aussi chimérique qu'inutile, mais de former une conception aussi claire que possible de la relation qu'a l'homme avec l'univers. Autrement dit, la syn-

thèse qui lui serait présentée est non pas objective, mais subjective. Il devait lui être expliqué,
que, malgré l'apparente modestie de celle-ci,
comparée à celle-là, elle est encore bien éloignée d'un achèvement satisfaisant ; qu'une réalisation plus avancée de sa constitution est
d'une haute importance sociale ; que nos forces intellectuelles, insuffisantes, malgré la plus
stricte économie, pour l'œuvre qui leur in-
combe, devraient de préférence être concentrées sur des sujets qui, par des conséquences
logiques ou directement, auraient visiblement
quelque influence sur la prospérité humaine.
Diriger l'attention de l'élève vers certains problèmes, c'est implicitement la détourner d'autres. S'il y a quelques questions d'importance
supérieure, il y en a nécessairement d'importance inférieure, et de très-petite importance.
Est-ce donc une si grande faute, et n'est-ce pas la
prescription du plus simple sens commun, que
lorsque toutes ces questions ne peuvent être
abordées, les premières soient choisies, les se-
condes laissées ? Les problèmes qui s'offrent
spontanément à l'investigateur d'une branche
quelconque d'étude sont infinis, dans le sens le
plus littéral du mot. Dans les mathématiques

seules, il y a des questions irrésolues en
nombre suffisant pour occuper non-seulement
les chercheurs scientifiques aujourd'hui vi-
vants, mais un nombre égal ou plus fort,
jusqu'à la fin des temps. Votre respect pour
les chances du caprice individuel est-il donc
si démesuré que, supposant la plupart des
savants saisis par quelque impulsion, quelque
mode, au point de concentrer leur vie sur l'é-
tude de la théorie des nombres, vous ne récla-
meriez point contre un tel abus de facultés in-
stamment requises pour des questions se ratta-
chant de plus près à la santé, à la politique, à
l'éducation, à la morale? On me rappelera les
sections coniques étudiées par les Grecs sans
aucun soupçon de leur rapport avec l'astronomie. Il était inévitable que les premiers germes
de la science surgissent ainsi spontanément.
Les premiers hommes qui étudièrent les vérités abstraites, sans souci de leurs applications
pratiques immédiates, prirent les premières
venues, quelque peu indifférents à la direction
et au but à poursuivre. Tout problème suggéré
par la mesure de l'espace, dont presque rien
n'était connu, a dû se recommander de lui-
même à des hommes tels que Thalès, Archi-

mède ou Apollonius, comme ayant un rapport
évident avec les intérêts humains, bien qu'ils
n'aient certes pas pu voir dans quelle direction
leurs découvertes seraient fructueuses. Ce fut
par un accident, un heureux accident, qu'ils
choisirent les sections coniques plutôt que d'autres courbes, les spirales par exemple. Mais, eus-
sent-ils choisi celles-ci, la géométrie, autant que
voir se peut, aurait fait des progrès égaux. Des-
cartes aurait trouvé une base également ferme
pour ses grandes généralisations géométriques,
et la connaissance des sections coniques, si elle
n'avait pas été obtenue auparavant, aurait aussitôt suivi. Ceux qui s'imaginent que Comte et ses
disciples s'appliquent aux sciences dans l'étroit
esprit utilitaire des Chinois, négligeant tout ce
qui ne touche pas aux détails pratiques de l'existence, ceux-là sont tout à fait fourvoyés. Acquérir une conception lucide de la relation de
l'homme à l'univers, et le rendre ainsi plus apte
à résoudre les problèmes de sa vie, tel est pour
nous le but des études scientifiques. Une investi-
gation peut être profitable, en premier lieu, en
révélant une nouvelle loi, une loi modifiable,
comme dans le cas de l'électricité ou de la chimie, ou hors de notre pouvoir modificateur,

comme il arrive pour les lois du système solaire , mais laquelle, dans l'un ou l'autre cas,
peut affecter la vie humaine, soit en accrois-
sant notre puissance sur la nature, soit en nous
donnant le moyen d'obvier, ou, plus sagement,
de nous soumettre aux nécessités qui ne peuvent être écartées. En second lieu, elle peut
être profitable en nous mettant en possession
d'une nouvelle méthode logique, de telle sorte
qu'en augmentant les facultés de l'intelligence
même, elle la rend plus capable de traiter les
questions ultérieures. De ceci le calcul infinitésimal est un frappant exemple.

Le champ est vaste, trop vaste pour que la
prescience humaine puisse en prévoir l'occupa-
tion complète à une époque quelconque. Mais
il est de toute évidence qu'il y a de nombreuses
investigations, plus ou moins accessibles à nos
facultés, qui se poursuivent hors de son action.
Telles sont les spéculations sur la constitution
physique des étoiles fixes, les conjectures sur la
question de savoir s'il faut cinq millions ou seulement un million de siècles au soleil pour se re-
froidir, l'anatomie exacte d'organismes qui nais-
saient et mouraient d'innombrables millénaires
avant l'ère humaine, les controverses sur l'ori-

gine des espèces, étant admis par les deux parties adverses que durant la période historique les espèces sont restées stables ou peu s'en faut. Certes la poursuite de ces recherches et d'autres analogues est permise aux hommes, mais qu'il soit aussi permis à d'autres hommes de les en décourager fortement. Il n'est d'aucune utilité de citer des cas isolés de recherches faites au hasard qui ont amené des découvertes d'une importance inespérée. La question est de savoir quel procédé sera le plus fécond, de celui dans lequel la direction à suivre est désignée par les plus sages intelligences de chaque génération, dans lequel les problèmes signalés sont d'une évidente et manifeste importance pour le grand dessein en vue : l'ennoblissement et l'agrandissement de la vie humaine ; ou de celui dans lequel on laisse chaque chercheur, que ses talents soient grands ou médiocres, choisir un champ d'exploration quelconque, vaguement et sans plan préconçu ? Des découvertes indirectes, ou plutôt accidentelles, sont tout aussi vraisemblables dans le premier cas que dans le second, tandis qu'entre les résultats directs de l'un et de l'autre il n'y a nulle comparaison à établir. Lorsque dans un terrain aurifère l'ignorant mineur rencontre par hasard un riche filon, cela démontre-t-il la supériorité de la recherche aveugle et sans guide sur une combinaison d'efforts dirigée par le plus haut savoir théorique approprié à la circonstance? Il se peut que la sagesse ait tort dans quelques cas particuliers, et que l'ignorance ait accidentellement raison ; la sagesse n'en reste pas moins préférable.

Vous avancez, Monsieur, que Comte se considérait comme un juge *infaillible* de ce qui vaut la peine d'être acquis en fait de connaissances. Vous auriez pu dire avec autant de justesse qu'un médecin se regarde comme juge *infaillible* de l'état de son malade et des remèdes qui lui conviennent. Certes, il doit se tenir pour meilleur juge que son malade, ou sinon s'abstenir de le soigner. Et vous admettrez sans doute qu'en fait de connaissances ayant une valeur réelle, Comte, en somme, était supérieur à la plupart de ceux à qui il s'adressait, sinon à tous. Voilà tout ce qui peut être réclamé pour lui, et, à coup sûr, tout ce qu'il a jamais réclamé lui-même. Si la tendance de son enseignement avait été de paralyser ou de décourager l'exercice de l'intelligence, il y aurait motif à réclamation ; mais chaque chapitre de ses œuvres, des dernières comme des premières, est un vif stimulant au travail de l'esprit. Il ouvre à la pensée des voies qui jusqu'à lui n'avaient jamais été foulées. Il propose des motifs de méditation qui n'avaient pas encore existé. Il recommande l'économie de l'effort, non son affaiblissement.

La direction systématique de l'étude n'implique pas l'obscurantisme, mais bien une plus abondante émission de lumière, une plus riche moisson de savoir (1).

---

(1) Pourquoi il vous a plu de travestir le mode et le degré dans lesquels Comte se proposait de systématiser les études spéculatives, je l'ignore. Vous en donnez l'exemple suivant : « Il maintient.... qu'un certain problème devrait être constamment choisi parmi ceux dont la solution est la plus importante aux intérêts de l'Humanité, sur lequel toutes les ressources intellectuelles de l'esprit théorique devraient être concentrées, jusqu'à ce qu'il fût ou résolu ou abandonné comme insoluble; après quoi l'esprit humain se tournerait vers un autre problème qu'il poursuivrait avec la même exclusivité.... Nous verrions ainsi toute l'intelligence spéculative de l'espèce humaine simultanément à l'œuvre sur une question unique, par ordre supérieur; ce qui rappelle un ministre français de l'Instruction publique qui se vantait jadis d'avoir un million d'écoliers répétant la même leçon, durant la même demi-heure, dans chaque ville et chaque village de France. »— Mais ceci, quoique amusant, n'a pas même la

Tel est donc le sens de l'unité en positivisme ; telles sont les conditions qui approchent de cet état idéal dans lequel toutes les forces humaines économisées convergent librement vers le bien-être commun de l'Humanité. La soumission de

---

ressemblance qu'une bonne parodie doit avoir avec son original. Il est bon de voir quelle sorte de problèmes Comte pensait valoir la peine d'être indiqués. Bornons-nous à ses « dernières spéculations ». D'abord , il avait pleinement conscience que l'œuvre entière de sa vie (soit la systéma-tisation des sciences, effectuée dans la *Philosophie positive*, soit l'application plus spéciale à la science sociale des principes contenus dans sa *Politique positive*) aurait besoin d'une révision complète et d'un ample développement de la part des penseurs qui lui succéderaient. « J'ai toujours senti, dit-il, que le développement de la systématisation finale appartiendrait à mes successeurs. Il m'était seulement ré-servé d'en poser les bases directes, et d'en caractériser l'es-prit après en avoir conçu le plan. En un mot, je devais insti-tuer la religion positive, mais sans pouvoir la constituer. Malgré la supériorité finale de ma construction religieuse sur ma fondation philosophique, le traité que j'achève ne saurait comporter la rationalité complète à laquelle j'aspirai toujours. » (*Politique positive*, vol. IV, p. 233).—La seule par-tie de son œuvre qu'il tînt pour définitive était la coordina-tion de la philosophie mathématique, dans le premier volume de la *Synthèse subjective*, publié l'année d'avant sa mort. La nécessité première et la plus urgente était la formation de la science de la morale comme distincte de la sociologie, et c'est

l'égoïsme à l'altruisme, la sujétion de la richesse à un contrôle moral, la subordination de l'intelligence au cœur, sont autant d'aspects divers d'un même principe fondamental.

Ces forces puissantes, loin d'être annulées, sont

à cela qu'il travaillait durant sa fatale maladie. Mais ceci mis à part, il pensait qu'une refonte semblable à celle qu'il put opérer pour les mathématiques était nécessaire à l'astronomie, la physique, la chimie, la biologie et la sociologie. En vérité, une pareille mine, ainsi ouverte aux efforts intellectuels, ne semble pas devoir être de sitôt épuisée. Parmi les sujets spéciaux qu'il signalait aux chercheurs, on peut mentionner la philologie comparée, qu'il croyait d'importance assez grande pour justifier la création d'une école spéciale consacrée à son étude; tout ce qui concerne les maladies des animaux et des végétaux, et notamment les recherches sur les fonctions et les organes du système nerveux, surtout en vue de résoudre avec plus de précision les questions suggérées par Cabanis, quant aux relations mutuelles de la nature morale et de la nature physique de l'homme, Voilà pour « le problème unique prescrit par Comte à l'étude indivise de l'esprit théorique ». Si ces mots fo.t allusion à son *utopie de la Vierge-Mère*, le renvoi aux passages où il en parle suffit à en montrer clairement l'esprit véritable, qui est de servir de concentration idéale à toute la synthèse positive. En parler comme supprimant ou déplaçant d'autres sujets d'étude, c'est en méconnaître totalement la signification. — Voir *Politique positive*, vol. IV, p. 68, 273-279, 319, 412.

ennoblies par leur dépendance. Les violentes
passions du sauvage ne sont pas extirpées hors
de notre être par un ascétisme mutilateur, mais,
transformées en une plus noble nature, elles
nous restent comme de précieux réservoirs d'é-
nergie latente. La libre concentration du capital n'est pas entravée par quelque mécanisme
socialiste ou semi-socialiste ; car le rôle joué
jusqu'ici par le capital dans le progrès humain
n'est surpassé que par celui qu'il a encore à y
jouer dès qu'il sera moralisé par la constatation
de son origine et de sa fonction sociales, et
dès que prévaudra un sentiment plus profond
de la culpabilité d'un vain luxe et d'une folle
profusion. Non moins grand est l'hommage
rendu à la force intellectuelle, lorsqu'elle ne
s'égare pas en de stériles ou d'extravagantes ten-
tatives, mais qu'elle est concentrée sur son vrai
labeur, qui est de révéler à l'homme la connaissance, non certes pas de l'univers, mais de ses
relations, autant que nous pouvons les connaître, avec cet infinitésimal fragment de l'univers
qui l'environne, de sa propre nature, de ses
forces et de ses devoirs.

Le degré auquel peut être atteint le type idéal
d'unité varie, comme déjà je l'ai dit, dans les

sociétés différentes et les générations successi-
ves. Il faut, pour le pouvoir spirituel dont dépendent les directions de ces efforts vers l'unité,
s'en remettre beaucoup à la sagesse pratique
des maîtres esprits qui dominent la période ;
beaucoup aussi doit dépendre des nécessités des
temps. Des études spéculatives qui, en des âges
paisibles, pourraient être opportunes et hono-
rables, peuvent, en des moments de crise sociale, indiquer une déplorable faiblesse dans
les sympathies sociales. Ce mot : « la république
n'a pas besoin de chimistes ! » fut une exagération (exagération terrible, puisque Lavoisier
en fut victime) de cette vérité importante et
négligée : qu'en temps de dangers et de difficultés révolutionnaires, les questions sociales
doivent non-seulement primer, mais supprimer
toutes les autres.

Examinons maintenant jusqu'à quel point
l'unité positiviste est incompatible avec la liberté individuelle. Il est tout d'abord évident
que sa possession parfaite représenterait pour
l'homme la plus haute et la plus complète liberté
possible.

L'état de parfaite santé, physique et mentale,
dans lequel se dégage la plus grande somme

d'énergie, dans lequel il n'y a pas le moindre
conflit de passions contraires, dans lequel chaque
organe de l'âme et du corps accomplit sa fonction désignée, cet état est celui de liberté idéale
et achevée. Que l'obéissance à la loi la plus
haute soit la première condition de la liberté,
ce n'est point une vérité nouvelle ; c'est celle
sur laquelle les maîtres les plus sages de tous
les temps ont basé leur règle de vie. Mais bien
petit est le nombre de ceux qui atteignent cette
parfaite liberté, ce résultat d'une harmonieuse
convergence de toutes les fonctions vers un but
commun. Dans sa lutte pour en approcher, chacun de nous se plonge plus ou moins profondément dans l'antagonisme, la coercition, la
contrainte. Il est peu d'hommes, si même il en
est, de qui la nature individuelle soit organisée
d'une manière assez parfaite pour soutenir la
lutte d'une façon continue, sans aide, sans impulsion extérieure. Cette impulsion est de deux
sortes : la force et la persuasion.

Aucune société n'a encore trouvé le moyen
(et rien encore ne fait prévoir qu'on le trou-
vera) d'exister sans la contrainte physique que
comporte le mot gouvernement. On a appelé
le gouvernement un mal nécessaire ; ce qui est

vrai en tant que cela exprime le fait indiqué par
Hobbes, que son existence provient de l'extrême
imperfection de notre nature; et faux en ce
sens que cela tend à rendre odieuse une partie de
l'organisme social sans laquelle les faibles seraient abandonnés à la merci des forts. Le degré
auquel une telle contrainte physique est re-
quise pour l'existence sociale varie selon les diverses circonstances de temps, de lieu, de na-
tionalité. Toute tentative de la définir une fois
pour toutes est absolument vaine. Mais la nécessité en diminue avec la marche du progrès
humain. Nous avançons vers la période de sa
complète extinction, comme vers une asymp-
tote, une limite idéale, dont on approchera de
plus en plus et qu'on n'atteindra jamais.

Sans contredit, le meilleur moyen de réduire cette grossière contrainte, cette force matérielle dont se compose au fond tout gouvernement, c'est de développer la contrainte plus
noble qui s'appuie sur la persuasion; car modifier la volonté des hommes est la seule manière
d'éviter la nécessité de réprimer leurs actions.
De là cette importance souveraine qu'attachait
Comte à l'existence d'un pouvoir spirituel fortement organisé, complétement séparé de l'État,

et remplaçant, dans une très-large mesure, la nécessité d'une action gouvernementale, par des influences morales, par la diffusion des lumières, par la direction de l'opinion publique, et par de constants appels aux sentiments les plus élevés, aux sympathies les plus sacrées de l'homme.

J'ai déjà abordé ce sujet dans la première partie de cette lettre.

Mais il me semble encore nécessaire de corriger l'impression laissée par maint passage de votre livre où les principes politiques de Comte sont présentés comme ayant eu, vers la fin de sa vie, une tendance au despotisme. Vous le blâmez sévèrement, par exemple, d'avoir loué Jules César. « Ce que celui-ci fit pour mériter de telles louanges, dites-vous, nous sommes fort en peine de le découvrir, si ce n'est qu'il a renversé un gouvernement libre ; ce mérite, pourtant, est d'une grande valeur aux yeux de M. Comte. » Et vous continuez en faisant observer qu'après avoir parlé sévèrement de Napoléon dans un ouvrage antérieur, il l'élève ensuite au-dessus du niveau de Louis-Philippe ; et que « selon lui la plus grave erreur de l'Empereur fut le rétablissement de l'Académie des sciences ! » — « Ceci,

ajoutez-vous, montre jusqu'où était descendu son
niveau moral (1). » Ces expressions, et de pa-
reilles, déjà notées (2), rendent nécessaire d'examiner jusqu'à quel point les opinions de Comte
étaient défavorables à la liberté politique. Pour
ce faire je tirerai tout ce que j'ai à dire de ses
spéculations dernières, contre lesquelles sont
dirigées spécialement et systématiquement vos
attaques.

A l'égard de César, que Comte subisse tout le
blâme qu'il y a à subir. Comte plaçait César
où le plaçait Dante, au plus haut rang parmi
les bienfaiteurs de l'espèce humaine, non cependant parce qu'il renversa un gouvernement libre, mais parce qu'il mit fin à l'une
des plus intolérables tyrannies qui jamais aient
déshonoré l'Humanité ; parce qu'il délivra les
provinces romaines, c'est-à-dire le monde ci-
vilisé, du gouvernement corrompu de l'aristo-
cratie et de la ploutocratie de Rome. Ceux qui
peuvent qualifier la république romaine, durant le dernier siècle de son existence, de

---

(1) *Westminster Review*, vol. XXVII, p. 36.
(2) *Westminster Review*, p. 19.

«gouvernement libre», doivent regarder l'histoire à travers d'étranges lunettes.

De même que César était pour Comte le type le plus élevé et le plus grand de l'homme d'État progressif, de même Napoléon lui paraissait infâme, comme le type de ce qui est rétrograde et réactionnaire, comme un homme dont l'obstination et la vanité effrénées avaient engagé sa vaste puissance dans une voie plus nuisible aux intérêts de l'Humanité que l'action d'aucun autre homme dont l'histoire nous ait conservé le nom. Il n'y a probablement point d'écrivain français qui ait osé parler de Napoléon avec une aussi implacable censure, avec un aussi flétrissant mépris. Il est si peu vrai qu'en ses écrits ultérieurs il ait rétracté le langage tenu par lui antérieurement, que, dans le système de commémoration des grands types historiques proposé dans le premier volume de sa *Politique positive*, il a voué à la réprobation les noms de Napoléon et de Julien, comme étant les deux plus frappants exemples d'opposition au progrès humain (1). Et bien que

_____

(1) « En introduisant le culte systématique des trois grands hommes qui ont le plus accéléré l'évolution humaine, je proposerais d'y joindre la solennelle réprobation simultanée des

plus tard il ait pensé qu'il valait mieux omettre
tout appel systématique à des sentiments d'hostilité et de haine, son opinion sur l'homme ne
changea pas. Le dernier passage de ses écrits
qui se rapporte à lui, est celui où il est
recommandé d'enlever sa statue de la place
Vendôme et de renvoyer ses restes à Sainte-
Hélène (1).

Vous parlez de la préférence qu'il accordait au
gouvernement de Napoléon snr celui de Louis-
Philippe. Cette préférence implique, non point
que Comte aimât le premier, mais qu'il aimait
moins le dernier. Les misérables fictions du
gouvernement constitutionnel, en France,
avaient, à ses yeux, une influence plus éner-
vante et plus corruptrice encore que le despotisme rétrograde de Bonaparte. Et de tous les
actes réactionnaires du gouvernement de Napoléon, aucun, dans l'opinion de Comte, ne fut
plus funeste en ses résultats, bien que plus

---

deux principaux rétrogradateurs que nous offre l'ensemble
de l'histoire, Julien et Bonaparte, l'un plus insensé, l'autre
plus coupable. » —Auguste Comte, *Politique positive*, vol. I,
p. 103.

(1) *Politique positive*, vol. IV, p. 397.

d'un surgit d'un pire motif, que le rétablissement en corporation des coteries scientifiques de Paris, lesquelles opposèrent à la grande rénovation philosophique et sociale du XIX⁰ siècle une résistance plus opiniâtre et plus déloyale qu'aucune institution féodale ou catholique. Il n'y a pas une seule phrase dans la *Politique Positive* qui indique autre chose que le blâme le plus sévère pour la politique de Napoléon I⁰ᵉ.

L'avénement de son neveu au pouvoir dictatorial, en 1851, lui semblait devoir être, en somme, profitable aux intérêts français. Les pédants et les rhéteurs de l'Assemblée nationale n'offraient pas, selon lui, une alternative très-acceptable.

Les journées de juin 1848 ne le satisfaisaient pas plus que les journées de décembre 1851. Mais s'il acceptait le *coup d'État*, c'était à deux conditions : d'abord, que son auteur se regardât comme le dictateur d'une république, et non comme l'héritier et le second fondateur d'une dynastie impériale; la seconde condition était que, tout en maintenant l'ordre matériel, il accordât la liberté de la parole et la liberté de la

presse (1). Et Comte répète mainte et mainte
fois que si ces deux conditions ne sont pas remplies une crise nouvelle sera nécessaire, certaine.

Telle était sa sympathie pour le bonapar-
tisme ; et si je mentionne, pour conclure, l'a-
mère indignation qu'il laisse éclater en parlant
de la suppression de la République romaine
en 1849 (2), vos lecteurs jugeront si votre langage sur ce sujet, langage calculé pour jeter un

---

(1) « 1° Le gouvernement français doit être républicain et
on monarchique (*Crise de Février* 1848).

« 2° La République française doit être sociale, et non politique (*Crise de Juin* 1848).

« 3° La République sociale doit être dictatoriale, et non par-
lementaire (*Crise de Décembre* 1851).

« 4° La République dictatoriale doit être temporelle, et non
spirituelle, d'après une entière liberté d'exposition et même
de discussion (*Polit. posit.*, vol. III, Préface, p. XLI).

» Une pleine liberté d'exposition, et même de discussion,
est indispensable comme garantie permanente contre la dégénération, toujours imminente, d'une dictature empirique
en une tyrannie rétrograde. » — (*Polit. posit.*, vol. IV,
p. 379).

(2) Il l'appelle « une expédition aussi méprisable qu'odieuse,
dont tous les libres coopérateurs recevront bientôt une juste
punition temporelle, en attendant la flétrissure historique. »
— (*Politique positive*, vol. I, p. 74.)

odieux intense sur le système politique de Comte, a rien de justifiable ou de vrai.

Le fait est que, loin d'avoir une politique tendant au despotisme bureaucratique, Comte se distingue entre les publicistes français par l'étendue restreinte où il entendait renfermer l'intervention gouvernementale. Quelques exemples spéciaux suffiront pour faire connaître ses vues à ce sujet.

L'un des premiers actes pratiques que le gouvernement républicain de la France aurait dû accomplir était, pensait-il, l'abolition de son armée permanente, ou plutôt sa réduction à une force de 80,000 hommes réservée pour les fonctions de gendarmerie. Aucune marine de guerre n'était nécessaire, à l'exception d'une flotte combinée, entretenue par toutes les nations de l'Occident, dans le but d'assurer la police des mers.

J'ai déjà parlé de ses opinions sur la liberté de la presse. Il y a une direction dans laquelle il considérait comme d'importance capitale que la liberté fût étendue beaucoup plus qu'elle ne l'a jamais été, même sous les gouvernements français les plus libéraux. Il voulait la liberté absolue de l'enseignement, non pas provisoire-

doit pouvoir être dissous à la volonté des parties
contractantes, pourvu qu'on ait dûment égard
aux intérêts des enfants. Comme vous le faites
justement observer, les vues de Comte sur ce
point étaient orthodoxes. En excluant, comme
il faisait, le mot *droit* de son vocabulaire politique dans tout autre sens que celui mieux
rendu par le mot *devoir*, il se tenait libre d'accepter les traditions de l'espèce humaine partout où ces traditions lui semblaient favoriser
les meilleurs intérêts de l'Humanité.

Parmi les penseurs émancipés des dogmes
théologiques, Comte reste presque le seul défenseur de la sainteté du mariage, si amère-
ment contraire à son propre intérêt apparent
que fût cette manière de voir.

La loi du mariage, j'entends du mariage in-
dissoluble sauf le cas de crime, car le mariage
dissoluble au bon plaisir de l'un, de l'autre, ou
des deux époux, ne me semble guère mériter ce
nom, forme, selon Comte, l'une des bases du
bien-être social.

Certes, il n'était pas aveugle aux misères in-
dividuelles qu'elle inflige; il en avait lui-même
assez souffert. Mais des exceptions isolées ne
sauraient infirmer la règle. En ceci comme en

toute chose, il faut surtout que les forts ne soient
pas les premiers à céder. Ils doivent apprendre
à souffrir pour les faibles. Les plus nobles esprits s'abaisseraient en faisant d'eux-mêmes un
foyer de désordre social. *Il est indigne des grands
cœurs de répandre le trouble qu'ils ressentent.*

Me sachant ici d'accord avec l'opinion publique, je me garderai de rien dire qui puisse expo-
ser à l'odieux de préjugés irréfléchis des opinions
formées avec autant de conscience que les vôtres. Le mariage, comme toute autre institution
de la société, aura à subir et subira l'épreuve critique de l'analyse moderne et de la passion révolutionnaire. S'il doit survivre, la morale qui
en est la base sera nécessairement et purement
humaine. Les dogmes surnaturels qui jusqu'ici
l'ont défendu, et qui, pour ce service et d'autres semblables, méritent notre plus profond
respect, ne le protégeront pas plus longtemps.
En vérité, par leur faiblesse sans cesse croissante,
ils deviennent une source de danger réel ; ils
commencent à discréditer les institutions qui
jusqu'à présent dépendaient d'eux et de leur
appui.

Entre votre idéal et celui du positivisme, que
le monde choisisse à son gré. Si l'égalité poli-

tique, la rivalité industrielle, et la facilité du
divorce sont de nature à augmenter le charme,
à relever la délicatesse des relations entre
l'homme et la femme, que les hommes et que
surtout les femmes se prononcent librement et
sans crainte.

Mais, écartant ce sujet, le caractère « despo-
tique » du système de Comte, direz-vous, ap-
paraît dans la minutie de ses prescriptions et le
degré extraordinaire auquel il pousse la manie
de la réglementation, manie par laquelle les
Français se distinguent entre les Européens et
M. Comte entre les Français. A tout ce que vous
dites là-dessus j'ai une réponse, et c'est une réponse qui m'est suggérée par vous-même. «C'est
l'un des principes de M. Comte, faites-vous observer, qu'une question ne peut être utilement
posée sans un essai de solution (1). »

Par exemple, parlant de la façon dont les
communistes résolvent le problème industriel,
Comte, qui la repoussait tout en sympathisant
largement avec l'esprit qui l'inspirait, fait la remarque suivante : « Vainement penserait-on, à

---

(1) *Westminster Review*, vol. XXVII, p. 22.

« cet égard, que le simple énoncé suffirait, sans
« la dangereuse solution qui l'accompagne au-
« jourd'hui. Ce serait méconnaître les exigences
« réelles de notre faible intelligence, qui, même
« envers les moindres sujets, ne peut longtemps
« s'attacher à des questions dépourvues de
« toute réponse. Si, par exemple, Gall et Brous-
« sais s'étaient bornés à poser les grands pro-
« blèmes qu'ils ont osé résoudre, leurs prin-
« cipes eussent été incontestables, mais stériles,
« faute d'une impulsion rénovatrice, qui ne
« pouvait émaner que d'une solution systéma-
« tique, quelque hasardée qu'elle dût être d'a-
« bord (1). »

Ce principe élucide une grande partie, sinon
la totalité, de ce que vous et d'autres ont cri-
tiqué.

Supposer que Comte considérait comme finales toutes ses solutions minutieuses et détaillées,
c'est se méprendre entièrement sur l'esprit dans
lequel il écrivait.

On interpréterait son dessein d'une manière
erronée et peu sincère si l'on imaginait qu'en

_____

(1) *Système de Politique positive*, t. I, page 161.

fixant des dates spéciales pour l'avénement de
certaines transitions politiques, des chiffres
exacts pour la proportion des différentes classes
de la société, des taux de salaire pour les ou-
,vriers en temps normal, il comptait engager ses
disciples ou successeurs dans une adhésion rigoureuse et pédante à ces nombres même. Son
intention était de donner le meilleur conseil qu'il
pût pour la direction pratique de la société ; et,
ce faisant, d'éviter le vague dans ses idées, d'en
rendre la signification claire, distincte, précise,
concrète, vivante, afin que l'attention publique
s'y attachât d'autant plus fortement (1).

Je dis donc que cela explique nombre de passages qui, laissés dans le faux jour où vous avez
cherché à les placer, seraient passibles d'un ri-

---

(1) Je ne cherche pas à gloser sur ce sujet. Les expressions suivantes, qu'il emploie en exposant ses vues relatives
au morcellement des États européens : « tels sont les taux
que j'ose risquer afin de mieux fixer l'attention sur une question importante », montrent assez clairement quel était son
but ; et j'aurais pu en alléguer bien d'autres. Ainsi, en parlant
de son projet concernant les salaires, il le donne expressé-
ment comme « destiné à servir de type. »—Voir *Politique positive,* vol. IV, p. 309 et 341.

dicule plus considérable que celui même dont
vous avez voulu les frapper.

Laissez-moi de suite ajouter que ceci ne vide
pas complétement notre différend. Il reste encore la divergence entre ceux qui acceptent et
ceux qui répudient la conception d'un Pouvoir
spirituel organisé, d'une Église positiviste.

Pour nous, l'irréligion actuelle des classes
lettrées n'est pas l'état normal, mais un état
anormal ; un état qui a souvent existé dans le
passé, mais qui n'a jamais été stable et qui n'est
pas destiné à devenir permanent. Selon nous,
les générations contemporaines de Cromwell,
de Saint-Bernard, de Mahomet, offrent une approximation plus avancée, si imparfaite qu'elle
fût, du type de santé spirituelle, que n'offrent
celles du déclin du paganisme, ou du xix° siècle.
Pour nous, la religion de l'Humanité signifie un
lien qui réunira tous les âges, toutes les classes
et toutes les nations ensemble, dans une foi
commune, dans un culte commun. Nous reconnaissons aussi le besoin d'une autorité spirituelle
analogue à celle qui a guidé la foi et le culte de
toutes les religions antérieures, et qui, malgré
l'abus fréquent qu'elle a fait de son pouvoir, en
a plus souvent encore fait un usage noble et

salutaire. Nous reconnaissons pleinement les abus des systèmes précédents, et nous nous efforçons de les éviter autant qu'il est possible. La plupart d'entre eux sont nés de la confusion, de l'amalgame des pouvoirs spirituel et politique, de l'Église et de l'État, du pouvoir qui contrôle les actions et de celui qui répand les principes et cherche à modifier les passions. La séparation radicale et entière de ces deux fonctions sociales est la clef de voûte du système de la politique positive. Un effort systématique en vue de placer le petit nombre des sages à la tête de l'immense majorité de ceux qui le sont moins ou qui ne le sont pas, quelque imparfaite qu'une pareille tentative ait toujours été et doive être inévitablement, nous paraît être l'une des nécessités permanentes de la société, et l'une de celles qui s'imposent à son âge avancé comme à son début. La complexité des problèmes humains s'accroît non moins rapidement que notre aptitude à les résoudre. Dans l'avenir le plus lointain comme dans le passé le plus reculé, en dehors du cercle toujours grandissant de la claire et indéniable vérité, l'homme effaré se démènera dans la zone crépusculaire qui le sépare de l'impénétrable obscurité. Alors comme aujourd'hui, la plus sage

direction sera nécessaire, la direction d'hommes
qui, ayant embrassé le plus large faisceau des
vérités déjà recueillies, seront le mieux préparés
à pénétrer dans les régions obscures de l'opinion et de la conjecture. Jusqu'à la fin des temps
il faudra des médecins à l'organisme social.
Souvent leurs conseils seront des erreurs. Mais
ce seront les meilleurs avis possibles, et ils seront moins souvent erronés que ceux des autres
hommes.

Quoi qu'il en soit, pour notre siècle, cette nécessité est indiscutable. Les derniers débris des
institutions catholiques et féodales sont en train
de disparaître, non sans une lutte prolongée,
tantôt chronique, tantôt intense ; mais, à demi-
voilées par la poussière de cette bataille dont
le sort assuré diminue l'importance, d'autres
forces s'amassent pour d'autres combats. L'in-
dustrialisme non moralisé est encore plus dangereux et plus dégradant pour l'Humanité que la
féodalité non christianisée, et cela, dans la même
mesure que, lorsqu'il sera moralisé, il engen-
drera plus de noblesse et d'élévation. Car, la
lutte entre le travail et le capital peut n'être
pas plus facile à pacifier que si elle avait lieu à
coups de sabres et de fusils ; il n'est pas impos-

sible même qu'elle prenne cette tournure ; les journées de juin ne remontent pas encore à vingt ans. Au sein de nos grandes et grandissantes cités, il y a des plaies en comparaison desquelles les massacres féodaux semblent des combinaisons heureuses. A mon idée, il est terrible que le sang soit versé, mais il est autrement terrible que le sang se dessèche et se consume. Le développement avancé de la société nous offre certainement de plus nobles perspectives, mais aussi il amène avec lui des dangers de corruption plus affreux et plus fatals. Il y a devant nous un ciel plus élevé, et un enfer plus profond.

Reconnaissant comme vous le faites le caractère du mal, étant grandement d'accord quant à la nature du remède, vous différez quant aux moyens par lesquels ce remède doit être cherché et appliqué. Vous n'êtes la dupe d'aucune des panacées politiques du jour. Vous vous êtes montré convaincu que ce n'est point par des modifications du mécanisme législatif, quelque désirables qu'elles puissent être à l'occasion, que la vie humaine peut être élevée de beaucoup au-dessus de son niveau actuel. Les changements de gouvernement et les systèmes phi-

lanthropiques n'ont pour vous qu'une mince
valeur, s'ils ne sont précédés, ou du moins ac-
compagnés, d'une ample diffusion de lumières
et (ce que voient si peu de gens) d'une *discipline morale plus sévère*. C'est dans une plus vive
perception du devoir, dans une plus haute visée
de la vie que reste votre seul espoir d'une solution satisfaisante pour le plus imminent, pour le
plus urgent problème de la société moderne :
la distribution des richesses. Vous ne fermez pas
les yeux sur le besoin d'un gouvernement moral, soit pour l'individu, soit pour l'État. La basse
démocratie des passions ne trouve aucun crédit
auprès de vous. La théorie que tout instinct de
la nature humaine a un droit égal au libre développement, est une conséquence logique des
dogmes révolutionnaires en vogue ; mais vous
ne l'acceptez pas. Sur la plus sauvage, sinon la
plus forte, des passions humaines, vous êtes
porté à imposer de fortes restrictions, restrictions à la fois de gouvernement et d'opinion.
Et sans une telle discipline vous n'espérez rien
de l'avenir de l'homme.

On pourrait presque supposer que vous avez
exagéré la différence qui existe entre nous.
Votre épouvante de ce qui est système, comme

si l'esprit de système était la faiblesse particulière de l'Angleterre moderne, vous a conduit à
d'injustes et dures critiques contre maint détail de la synthèse de Comte. J'ai franchement
exprimé l'indignation que j'ai ressentie pour
quelques-unes de ces fausses interprétations.
Je ne suis pas de ceux dont vous pouvez expliquer la vénération pour Comte par son ascendant
personnel, car je ne l'ai jamais connu. Le caractère incomparable de sa vie, la réunion d'une
vaste intelligence, d'une énergie héroïque, d'une
sociabilité ardente, le dévouement soutenu de
chaque faculté au service de l'Humanité, rendent
suffisamment compte des sentiments qu'il inspire à ses disciples, et du ressentiment qu'ils
éprouvent à l'injuste détraction de son nom.
Mais ces mêmes sentiments me rendent d'autant plus enclin à reconnaître combien est large
la mesure de votre adhésion ; de quelle noble
manière (j'emploie les termes propres dont il se
servait lui-même dans les dernières années de
sa vie) vous avez admis et appuyé beaucoup de
ses principes fondamentaux, alors qu'ils étaient
bien plus impopulaires qu'aujourd'hui. Ils ne
sont pas si nombreux en Europe, les hommes de
votre intelligence et de votre courage, pour que

leurs efforts pour développer le bien-être de
l'homme soient traités légèrement par leurs inférieurs. Je serais, en tout cas, le dernier à le
faire.

Que la différence entre votre école et la
nôtre soit estimée à sa juste mesure. Peu de
mots, je pense, suffiront à l'énoncer. Non
moins que nous-mêmes vous évaluez hautement
l'idéale noblesse de la vie. Non moins que vous
aussi, nous sentons fortement que l'excellence
individuelle doit être la pierre de touche d'un
bon système social : que l'état idéal est celui
dans lequel l'individu développe ses facultés de
la façon la plus ample et la plus féconde ; que
le gouvernement sans liberté, la systématisation sans pensée et sans effort original, l'organisation sans la vie, sont la vanité des vanités.
Autant que vous nous déplorons la faiblesse
morale de notre époque, la crainte de l'impo-
pularité, l'indifférence blasée et l'acquiesce-
ment banal à des dogmes auxquels nul ne croit
et nul ne résiste. Mais, quel qu'en soit le besoin,
ce n'est pas dans l'insurrection aussi sûrement
que dans l'obéissance qu'il faut chercher la
restauration de l'énergie sociale et individuelle. Dans toute l'échelle des êtres, l'obéis-

7

sance à la loi est la première condition de la liberté.

Il y a deux aspects inséparables dans le problème social : l'union des efforts, l'individualité des efforts. Le premier est pour nous, dans la génération contemporaine au moins, le plus important et le plus difficile. Puis, celui-ci une fois réalisé, l'autre en est déduit bien plus sûrement que ne le serait celui-ci de l'autre. Un mot résume tout. Vous cherchez la noblesse de la vie par la liberté. Nous pensons que la plus haute liberté est celle qui naît spontanément de la noblesse de la vie.

Croyez, Monsieur, à mon profond respect,

J. H. BRIDGES.

APPENDICE.

Je réserve cette note pour un ou deux points dont l'intercalation dans le corps de ma lettre eût fait digression quant à son but principal. Ils se rapportent au même sujet, à votre tentative de prouver que les derniers écrits de Comte indiquent chez lui un affaiblissement mental.

Je laisse à d'autres le soin de juger du succès de cette tentative. Le ridicule, lorsqu'il est suffisamment vigoureux, a du moins l'avantage de séparer les adhérents superficiels d'un nouveau système, d'avec ceux dont les convictions sont assez robustes pour tolérer l'attaque ; et ces derniers seuls sont capables de le faire sensiblement avancer. Il est possible que votre raillerie ait cet effet. En tout cas, ceux que fait reculer un fouet aussi peu lourd que celui dont vous avez pensé l'application suffisante jus-

qu'ici, ceux-là sont beaucoup trop pusillanimes
pour la besogne à faire.

Ce qui est important, c'est que le critique,
qu'il soit satirique ou sérieux, soit exact lorsqu'il s'agit de faits. Et dans votre censure il y a
plusieurs inexactitudes, d'importance diverse,
qui indiquent, je pense, que le temps et le soin
que vous avez donnés à l'étude du livre que
vous examinez ont à peine été suffisants.

Je commence par un détail d'importance médiocre. Afin de prouver que Comte était insen-
sible à l'esprit et à l'humour (affirmation que
les élèves de l'École polytechnique n'auraient
pas du tout été disposés à admettre), vous re-
marquez que « le seul auteur doué d'esprit ou
d'humour pour lequel il montre quelque admiration est Molière, et encore ne l'admire-t-il pas
pour son esprit, mais pour son bon sens » (1).
Vous auriez pu ajouter les noms d'Aristophane,
d'Arioste, de Shakespeare, de Cervantes et de
Fielding, pour chacun desquels il a souvent

---

(1) *Westminster Review*, vol. XXVII, p. 17. N'ayant pas
sous la main le volume contenant la réédition de ces articles,
j'ai cité partout, en cette lettre, d'après la revue où ils ont
d'abord paru.

exprimé sa vive admiration. Dans son *Calendrier Positiviste* vous trouverez, je crois, les noms de presque tous les principaux humoristes français et anglais. Je relève ce détail insignifiant simplement pour montrer qu'il ne faut pas accepter sans vérification tous les faits que vous avancez.

Un autre point sur lequel vous le blâmez sévèrement est sa théorie de l'histoire grecque. « M. Comte, dites-vous, détestait les Grecs comme peuple, à cause de leur goût excessif pour la spéculation intellectuelle ; il considérait que, par une fatalité inévitable, ils s'étaient moralement sacrifiés à la formation de quelques grandes intelligences scientifiques, principalement Aristote, Archimède, Apollonius et Hipparque. Quiconque connaît l'histoire grecque comme on peut aujourd'hui la connaître s'ébahira de la parodie qu'en fait M. Comte, dans laquelle les préjugés historiques les plus vulgaires sont acceptés et exagérés afin de mettre en relief les maux d'une culture intellectuelle livrée à elle-même (1). »

Il y a dans cette assertion une inexactitude

---

(1) *Westminster Review*, vol. XXVII, p. 36.

grave, ainsi que pourront s'en assurer tous
ceux qui liront le quatrième chapitre du troisième volume de la *Politique positive*. En premier lieu, Comte a exprimé sa vive sympathie
pour toutes les périodes vraiment grandes, au
point de vue politique, de l'histoire grecque :
les guerres médiques, la période qui suivit immédiatement l'expédition d'Alexandre et l'effort final de Philopœmen. C'est en termes cha-
leureux qu'il parle des combats de Marathon,
des Thermopyles et de Salamine. Tout en reconnaissant le « sublime dévouement » de Léo-
nidas, il attribue, à juste titre, la gloire principale de la « lutte héroïque » au « peuple
spécialement voué aux recherches intellectuelles, » — Tous les triomphes décisifs, dit-il,
tant terrestres que maritimes, furent essentiellement dus aux Athéniens, admirablement diri-
gés par Miltiade et Thémistocle. L'ensemble de
l'histoire militaire ne présente rien de compa-
rable aux efforts systématiques de ce dernier
chef pour préparer longuement sa nation au
succès naval qui pouvait seul compléter la garantie grecque.... Il en résulta longtemps une
amélioration notable dans la dignité morale de
toute la population. Chaque peuplade s'y sentit

toujours honorée du noble souvenir de sa libre
participation à l'activité commune, et la glo-
rieuse défense y disposa davantage à repousser
les tendances théocratiques, de manière à mieux
caractériser le génie grec (1). » — « La théocratie persane, observe-t-il, aurait pu être em-
portée sans aucun danger pour le progrès de
l'espèce humaine. Mais nos destinées intellectuelles auraient été gravement compromises si
la journée de Salamine fût devenue fatale au
noyau grec, qui ne comportait alors aucun
équivalent réel. » Comparez ces citations avec
le travestissement que vous en faites !

Brièvement énoncée, voici la théorie de
Comte sur la civilisation grecque. Quelques
siècles avant l'ère chrétienne, la caste militaire
des péninsules italienne et grecque dominait la
caste sacerdotale, à l'inverse de la position
qu'elle occupait en Asie. Dans l'un et l'autre
pays une rupture graduelle du système théo-
cratique, soit égyptien, soit étrusque, soit dé-
rivé de toute autre source, finit par se produire.
Dans l'un et l'autre pays, les maîtres esprits

---

(1) *Politique positive*, vol. III, c. 4, p. 277-278.

s'émancipèrent plus ou moins des croyances
théologiques. Mais différente fut la direction
que suivit chacun d'eux. En Italie, elle fut sociale ; en Grèce, elle fut intellectuelle. L'incorporation du monde en un système unique de
politique fut l'objet des grands hommes de
Rome. En Grèce, le morcellement du pays rendant la fusion difficile, sinon impossible, et
donnant à la vie politique quelque chose d'é-
troit et de mesquin, tourna l'attention des premiers esprits vers les recherches spéculatives.

Pour le monde, les conséquences en furent
magnifiques ; pour la nation, désastreuses. Privée de la direction de ses esprits les plus sages,
et livrée, sauf en deux ou trois crises exception-
nelles, à la domination des démagogues et des
rhéteurs, la Grèce offre le pénible spectacle
d'une nation sacrifiée au développement du
génie spéculatif en quelques organes privilégiés;
ceux-ci étant, non-seulement les quatre que
vous mentionnez, mais, comme aurait pu vous
le montrer le calendrier historique de Comte,
Homère, Eschyle, Phidias, Thalès, Hippocrate,
Pythagore, Socrate, Platon, et quelque cin-
quante autres qu'il a mentionnés.

En somme, je crois que si l'on comparait la

théorie de Comte sur l'histoire grecque avec celle de M. Grote, à laquelle, je suppose que se rapporte ce que vous avancez, l'on trouverait que celui-là a saisi ce qu'a manqué celui-ci, si tant est qu'il l'ait cherché jamais, je veux dire la vraie position de la Grèce dans l'histoire du monde.

Prenons un autre des exemples au moyen desquels votre thèse sur la dégénération mentale de Comte dans ses spéculations dernières vous pousse à condamner ses vues avec un empressement inconsidéré.

« Dans ses dernières années, dites-vous, M. Comte, ainsi que nous l'apprend le livre du Dʳ Robinet, s'adonnait aux spéculations les plus extravagantes sur la science médicale, déclarant que toutes les maladies se résument en une seule, le trouble ou la destruction de l'unité cérébrale. »

Certes, ceci paraît constituer un point important en votre faveur; mais, examinons : les vues de Comte sur ce sujet se trouvent exposées aux pages 527-537 du livre en question (1), dans

---

(1) *Notice sur l'œuvre et sur la vie d'Auguste Comte*, par le docteur Robinet. *Paris, Dunod*, 1860.

une série de lettres adressées à un médecin français. Il n'entre pas dans mon objet d'entrer dans une discussion détaillée, quoique je puisse cependant, sans une extrême vanité, me croire capable d'avoir une opinion rationnelle à cet égard. Je dirai simplement que ces vues me paraissent d'une grande valeur, tant en théorie qu'en pratique; d'autant plus qu'elles élucident une question à laquelle Comte attachait une très-grande importance, celle des relations mutuelles de la nature physique et de la nature morale de l'homme. Mais la question actuelle est seulement d'examiner si vous avez représenté l'opinion de Comte avec quelque semblant d'exactitude.

Selon lui, les maladies ne sont pas des entités définies, mais simplement des symptômes, ou des séries de symptômes, indiquant un dérangement dans la santé générale ou dans l'unité. « Les prétendues maladies classiquement distinguées, dit-il, se réduisent essentiellement à de simples symptômes. Il ne peut, au fond, exister qu'une seule maladie, consistant à ne pas bien se porter. Or, puisque la santé réside dans l'unité, la maladie résulte toujours d'une altération de l'unité, par excès ou défaut d'une des

fonctions en harmonie. Le désordre peut prove-
nir du dehors ou du dedans, quand les limites
normales de variation se trouvent dépassées, en
un sens quelconque, par l'action prolongée,
soit du milieu, soit de l'organisme (1). »

Voilà donc deux sources de maladie, et non
une seule, comme vous le lui faites dire, pour
donner une apparence notoirement absurde à
sa théorie. La source du désordre peut donc
être extérieure ou intérieure.

Dans notre civilisation moderne, continue
Comte, ce dernier cas est le plus fréquent des
deux. Le défaut d'harmonie dans le moral,
c'est-à-dire dans les fonctions cérébrales, réagit
sur le physique, et met en mouvement un
engrenage de symptômes, d'actions exagérées
ou diminuées, dans un viscère ou dans plusieurs.

Cette théorie, qu'elle soit vraie, comme je
le crois, ou qu'elle ne le soit pas, mérite en tout
cas un traitement autre que la dédaigneuse

---

(1) Lettres d'Auguste Comte au Dʳ Audiffrent, dans la
Notice sur l'œuvre et sur la vie d'Auguste Comte, par le
Dʳ Robinet, p. 528.

inexactitude avec laquelle vous en avez parlé.
Déjà, dans les journaux médicaux de France,
elle a été soumise à une discussion sérieuse.

Mais votre indignation, et je dois ajouter,
votre injustice, deviennent excessives lorsque,
dans la conclusion de votre livre, vous faites allusion au dernier écrit de Comte, son ouvrage
sur la philosophie mathématique. Vous en parlez comme présentant « un tableau plus triste
encore que les précédents de cette dégénéres-
cence mentale. » Si vos critiques avaient porté
contre le raisonnement mathématique, j'aurais
écouté en silence, n'étant point, par mes propres
connaissances, un juge compétent. Mais vous attaquez simplement les conceptions qui forment
la préface de l'ouvrage et l'idée principale d'où
jaillissent ces conceptions : union du positivisme
avec le fétichisme.

Ce dernier principe est trop important pour
être discuté dans un appendice. Je dirai seulement que Comte ne jugeait pas plus le fétichisme d'après les cruautés des sorciers afri-
cains, qu'il ne jugeait le catholicisme d'après
les cruautés des inquisiteurs espagnols. Le caractère du fétichisme qu'il tenait pour assimila-
ble au positivisme est la tendance, exceptionnel-

lement développée dans la civilisation chinoise, et perceptible dans l'histoire primitive des autres nations, à douer le monde visible des émotions et des sympathies humaines. Cet ardent amour de la nature qui distingue si bien le sentiment moderne, cette inclination à douer la terre, la mer, le ciel, de passions correspondant aux nôtres, qui anime les peintures de Turner et les poésies de Shelley, est, au milieu des perplexités prosaïques et de la monotonie artificielle de la vie moderne, un lien qui nous ramène aux souvenirs de l'enfance, ranime l'ancienne vigueur, et renouvelle la fraîcheur longtemps perdue des âges primitifs.

Ce que Wordsworth exprima dans son ode à l'Immortalité, ou Shelley dans l'hymne à la Terre qui se trouve dans son *Prométhée délivré*, Comte l'a exprimé à sa manière dans la *Synthèse subjective*. Et s'il arrivait que l'on prît Shelley sérieusement à partie pour avoir maintenu que la Terre est vivante (ainsi que Rousseau blâma la Fontaine pour avoir fait parler les bêtes), ne jugerions-nous pas la bévue curieusement lourde et pédantesque? Pourtant, elle ne serait pas plus étrange que votre méprise sur le sens de la conception de Comte. « Son intention évidente, dites-vous, est que nous soyons élevés de telle façon, que ces inventions fantastiques se mêlent à nos relations journalières, jusqu'à nous rendre incapables de concevoir le monde et la nature sans elles, et à *devenir pour nous équivalentes à des croyances réelles*, *voire à se transformer en articles de foi* (1). »

Heureusement pour sa réputation auprès de vos lecteurs, Comte a fait voir fort clairement que son *intention évidente* est quelque chose de tout à fait différent. Il se met sans cesse en garde (et de telle sorte, que, jusqu'à la lecture de votre critique, j'avais cru ceci superflu) contre une telle interprétation, erronée ou peu sincère.

L'utilité d'orner la science d'un tissu d'imaginations agréables, tout en préservant sa précision avec rigueur, et de garder ainsi, dans sa plénitude, la tournure artistique de l'esprit, au sein des dangers inhérents à la pensée analytique, est une grande question qui ne saurait être discutée ici. J'ai à parler seulement de votre affirmation que Comte voulait voir ces ima-

---

(1) *Westminster Review*, vol. XXVII, p. 28.

ginations « transformées en croyances réelles. »
Sans cesse, comme s'il eût pressenti votre attaque, il en parle comme de fictions pures, de
fictions qu'il est impossible de prendre pour
autre chose. « Des existences purement fictives,
dit-il, dont l'institution subjective *ne soit jamais
douteuse.* » Et derechef, parlant de sa conception
de l'espace : « En instituant, dit-il, un milieu
général dont la nature fictive *ne soit jamais
équivoque* (1). »

Ces expressions, et beaucoup d'autres semblables, sont décisives sur ce point. Ce serait
pitié de prolonger la discussion sur un sujet si
simple.

Je vais terminer en peu de mots sur quelques questions d'un genre plus purement spéculatif que vous avez soulevées dans la première partie de votre livre.

Vous mentionnez les observations critiques
de Comte sur la psychologie, et vous impliquez
qu'il rejeta toutes les méthodes et tous les ré-

---

(1) *Synthèse subjective*, Introduction, p. 19-21.
Ces phrases sont postérieures au mot « croyance » employé une fois par inadvertance, tandis que le mot « fiction »
est maintes fois répété.

sultats que l'on comprend sous l'acception usuelle de ce mot, en anglais. Mais ce n'est le cas en aucune manière. Lorsque Comte critiquait la psychologie, il attaquait le raisonnement, non de M. James Mill, de M. Baines ou de M. H. Spencer, mais de Victor Cousin, Jouffroy et Royer-Collard, qui étaient désignés en France sous le nom de psychologues, par contraste avec l'école matérialiste des idéologues, ceux-ci n'étant pas plus près de la vérité, dans l'opinion de Comte, que les premiers. — Je serais surpris d'apprendre que vous êtes disposé à regarder Cousin et son école d'un œil plus favorable que Comte.

Si par psychologie l'on entend l'étude, par tous les moyens disponibles, des fonctions morales et intellectuelles de l'homme, il est certain que Comte était psychologue, bien qu'il évitât naturellement une dénomination qui l'aurait classé dans une école contemporaine de métaphysiciens. Quant à l'impossibilité d'étudier les fonctions purement intellectuelles par l'observation de soi-même, Comte, il est vrai, adoptait l'opinion de Broussais, si vigoureusement énoncée dans le traité sur l'*Irritation et la Folie*. Il est possible que ces penseurs aient re-

jeté cette méthode d'une façon trop absolue.
Mais il faut la montrer beaucoup plus féconde
en résultats qu'on ne l'a fait jusqu'ici, pour
qu'elle soit hautement prisée comme instrument utile à la découverte de la vérité.

L'étude des fonctions morales et intellectuelles de l'homme a été poursuivie par Comte
pendant toute la durée de sa vie ; et cela, par
des méthodes qui, j'imagine, ne diffèrent guère
de celles que vous emploieriez vous-même.
Son « organum », pour cette étude, n'était pas
la phrénologie, comme vous l'avancez. De fait,
il ne s'est jamais servi de ce mot, si ce n'est
pour féliciter Gall de n'en avoir point fait
usage.

Il adoptait l'hypothèse de Gall, que les fonctions intellectuelles et morales ont, comme
toutes les autres, leurs organes spéciaux, et que
le cerveau est l'assemblage de ces organes. Il
adoptait cette hypothèse comme celle qui, au
total, cadre le mieux avec nos données scientifiques actuelles. Mais pour douer cette hypothèse de quelque valeur, le premier pas à faire,
ainsi qu'il l'a toujours maintenu lui-même,
consiste en une analyse préliminaire de ces
fonctions, en vue de distinguer celles qui sont

élémentaires d'avec celles qui sont composées.
Il défend très au long le plan qu'il adopte, d'é-
tudier les fonctions avant de déterminer exactement leurs organes (1). « J'y subordonne systématiquement, dit-il, l'anatomie à la physiologie ; en concevant toujours la détermination
des organes cérébraux comme le complément et
même le résultat de l'étude positive des fonctions mentales et morales. »

C'est pour l'excellence des recherches de Gall
sur ces fonctions, et non pour la réalité de ses
localisations anatomiques, que Comte le louait
si hautement. Le grand ouvrage de Gall sur les
fonctions du cerveau est une série d'investigations sur le caractère et les passions de
l'homme. Mais, outre sa tentative de localisa-
tion, Gall commit d'énormes erreurs, par défaut de ce que Comte appelait la méthode sociologique. Les traits importants de la nature morale et intellectuelle de l'homme sont bien plus
facilement saisissables dans les phénomènes
collectifs de la société que dans l'individu. « La
nature et le jeu des passions et des penchants

---

(1) *Politique positive*, t. I, p. 669-734.

humains étant au fond les mêmes dans l'individu et dans la race, c'est dans la race seule
qu'ils se montrent à un état assez développé
pour que leur vrai caractère soit compris. »
L'esquisse étant fournie par la sociologie, il
reste à en vérifier les indications par l'observation attentive du caractère individuel. Mais
comme le caractère complexe de la société humaine nous rend très-susceptibles de confondre
une passion composée avec une passion simple
et élémentaire, il est fort important de diriger
l'étude vers les animaux inférieurs, chez qui
les passions analogues existent à l'état simple,
sans être affectées par des circonstances sociologiques.

L'organum de recherche que proposait Comte
dans ce sujet. n'était donc pas la phrénologie,
mais l'*inspiration sociologique contrôlée par l'appréciation zoologique.*

Quant à la vérification anatomique de la position des organes, Comte pensait que le temps
n'en était pas encore venu. Tout ce qui pouvait
être fait était de former la meilleure hypothèse
touchant leur nombre et leur position, en ju-
geant de celle-ci d'après l'influence mutuelle
que certains penchants exercent les uns sur les

autres, et en laissant la preuve ou la réfutation
objective de cette conjecture aux découvertes
ultérieures.

Tout ceci explique pourquoi la psychologie,
dans le sens anglais du mot, n'était pas classée
par Comte comme une science distincte. Sa
matière se range en partie dans le domaine de
la biologie, science qui, dans la classification positiviste, précède la sociologie, et en partie dans
le domaine de la morale, science suprême à
laquelle la sociologie et toutes les sciences précédentes ont préparé la voie. S'il eût vécu pour
exécuter son traité projeté sur la théorie de la
nature humaine, tout cela eût été manifesté
plus complétement. Ceci manquant, les passages auxquels je renvoie montreront à ceux
qui voudront prendre la peine de les consulter,
si Comte négligea ou non l'étude des lois psy-
chologiques dans le sens que vous et d'autres
écrivains anglais y attachez.

C'est avec tout autant d'exagération, je crois,
que vous mesurez la différence entre vous et
Comte à l'égard de l'économie politique. Vous
admettez la vérité de sa remarque, que l'étude
des conditions de la richesse nationale, comme
sujet détaché, est antiphilosophique, attendu

que tous les aspects des phénomènes sociaux agissant et réagissant les uns sur les autres, ne peuvent être bien compris isolément. » Non-seulement vous accordez cette vérité, mais votre propre *Traité sur l'Économie politique*, en est, comme l'ouvrage d'Adam Smith, une preuve signalée. C'est une série d'essais des plus instructifs, non sur les opérations de l'instinct d'acquisition, abstrait par hypothèse des autres instincts (bien que ceci puisse avoir aussi sa valeur à titre d'exercice logique), mais sur l'aspect industriel de la vie sociale ; l'inséparable relation de celui-ci avec tous les autres aspects de la civilisation y étant constamment en vue. Mais c'est précisément parce que la plupart des économistes ignoraient effectivement cette relation que Comte les a blâmés avec tant de sévérité. Les lecteurs du chapitre lumineux sur le capital dans le troisième volume de la *Politique positive* verront si Comte a ou n'a pas désapprouvé l'étude du côté économique dans la science sociale. C'est lui, en effet, et non M. Littré, *comme vous le dites*, qui a fait la comparaison que vous décrivez comme « aussi juste qu'ingénieuse, entre l'étude des relations économiques dans la sociologie et les fonctions nutritives dans la bio-

logie (1). » Il me paraît donc qu'à l'égard de
l'économie politique vous êtes essentiellement
d'accord avec Comte.

Quant aux Économistes, il pensait, de même
que vous : « que leur erreur principale est
de considérer... leur expérience présente du
genre humain comme d'une application universelle ; prenant des phases temporaires ou lo-
cales, dans le caractère humain, pour la nature
humaine même ; n'ayant aucune foi dans la
merveilleuse souplesse de l'esprit humain ; pré-
sumant impossible, en dépit de la plus claire
évidence, que la terre puisse produire des êtres
humains d'un type différent de celui qui leur
est familier dans leur âge, voire dans leur
pays (2). » Jamais la faiblesse et le charlata-
nisme de la plupart des écrits sur l'économie
politique n'ont été dénoncés en termes plus vigoureux ; pourtant, ici, ce langage n'est pas
celui de Comte : c'est le vôtre.

Quelques mots à présent sur l'objection que
vous faites à Comte d'avoir omis le mot *cause*

---

(1) Voyez *Politique positive*, vol. I, p. 371.
(2) *Westminster Review*, vol. XXVI, p. 384.

dans sa philosophie. Ici encore, je ne puis m'em-
pêcher de penser que l'écart entre vos vues et les
siennes est plus apparent que réel. Qu'un mot
donné soit lié indissolublement avec des notions
erronées jusqu'à rendre son application à des
vues plus saines impossible ou difficile, sera
toujours un sujet de doute. Parmi les termes
employés le plus spécialement pour rendre les
pensées métaphysiques, Comte en adopta certains, tels que *subjectif* et *objectif*, et renonça à
d'autres, comme, par exemple, aux mots *cause* et
droit. Il est certes permis à tout penseur positiviste d'agir autrement, pourvu qu'il définisse
ses termes. Mais vous voudriez maintenir qu'il
y a ici plus qu'une question de mots.

« Se privant, dites-vous, d'un mot qui a un
sens positif, Comte manque du sens qu'il exprime. Il ne voit aucune différence entre des
généralisations telles que les lois de Képler, et
telles que la théorie de la gravitation. Il ne par-
vient pas à percevoir la distinction réelle entre
les lois de succession et de coïncidence que des
penseurs d'une autre école nomment lois des
phénomènes, et celles de ce qu'ils nomment
l'action des causes, les premières étant repré-
sentées, par exemple, par la succession du jour

et de la nuit, les dernières par la rotation ter-
restre, qui en est la cause (1). »

Je crois que sur ce sujet vous n'énoncez pas
exactement les vues de Comte.

Il me semble qu'il fait une distinction complète et fondamentale entre ces deux classes de
lois; la distinction, pour employer ses propres
termes, entre la science concrète et la science
abstraite. Chaque objet, fait-il observer, est un
résultat complexe, un groupe de propriétés
variées. Nous pouvons, soit étudier ce résultat
complexe en lui-même, soit abstraire chacune
de ces propriétés (ou, comme Comte les dé-
nommait, de ces *événements*) de tous les objets
où elles se trouvent et en étudier les lois. Le
premier de ces deux modes de spéculation est
celui qu'il appelle *concret;* le second est l'*abstrait.* La spéculation concrète est, selon lui,
tout à la fois le point de départ et le point d'arrivée de nos efforts. L'homme, dans sa condition primitive, arrive à certaines généralisations
empiriques et concrètes auxquelles il lui faut
conformer sa conduite, comme le font les ani-

---

(1) *Westminster Review*, vol. XXVI, p. 370.

maux inférieurs. La succession du jour et de la nuit, de l'été et de l'hiver; les prévisions d'éclipses chez les anciens, celles du temps, des éruptions volcaniques, du cours d'une maladie, sont de simples exemples de ces lois concrètes. La science moderne décompose ces groupes concrets et étudie les lois de chacune des classes de phénomènes qui les composent. Ces lois finales, que vous appelez lois de causalité, Comte les nomme lois abstraites. Les lois de Képler sont des exemples parfaits de lois concrètes, tandis que la loi de la gravitation qu'a découverte Newton est une loi abstraite. Seule cette dernière classe de lois peut être qualifiée d'invariable. Ce que vous dénommez « la loi de la causalité universelle, d'après laquelle tout phénomène a une cause phénoménale ou quelque phénomène autre que lui-même, dont il est la conséquence invariable et sans réserve », correspond exactement à la seconde loi de *Philosophie première* de Comte (1). « C'est, dites-vous, sur l'universalité de cette loi que repose la possibilité d'établir une formule d'induction. » C'est préci-

---

(1) Voir *Politique positive*, vol. IV, p. 174.

sément ce que dit Comte : « une telle certitude
reste indispensable à l'institution du dogme positif (1). »

La perfection finale de l'effort spéculatif consiste, après avoir décomposé les propriétés diverses d'un objet, et étudié leurs lois séparément, à les recomposer et à prédire, non pas
empiriquement, mais scientifiquement, l'action
résultante. Ce passage de l'abstrait au concret
est effectué d'une façon plus ou moins parfaite
dans l'astronomie. Dans les sciences plus complexes, la difficulté de la tâche dépasse très-souvent nos faibles forces.

Je conclus en abordant une objection très-im-
portante soulevée, non par vous, mais par M. Littré, dans sa notice biographique sur Comte. Elle
ne va rien moins qu'à prétendre que Comte,
dans les derniers temps de sa vie, aurait adopté
une méthode de philosopher entièrement nouvelle, une méthode qu'il aurait appelée la *mé-*

---

(1) Pour toutes ses vues sur la distinction entre la science
abstraite et la science concrète, l'un des points les plus importants de sa philosophie, voir *Philosophie positive*, vol. I,
p. 56, édition Littré, et *Politique positive*, vol. I, p. 38-45 et
423-437.

thode subjective, et qui serait totalement incon-
ciliable avec la méthode objective suivie dans la
Philosophie positive (1).

Ma réponse à ceci est que Comte affirme
distinctement dans ses deux ouvrages la nécessité de l'une et de l'autre méthodes. Dans la
Philosophie positive, aussi bien que dans la *Politique positive*, il maintient que leur emploi com-
biné, leur réconciliation est le but final de la
philosophie. Il peut être utile, néanmoins, de
constater exactement dans quel sens Comte op-
posait ces deux méthodes.

« L'étude de l'homme et celle du monde exté-
rieur constituent nécessairement le double
et éternel objet de toutes nos conceptions philosophiques. Chacun de ces deux ordres généraux de spéculations peut être appliqué à l'autre
et lui servir même de point de départ. De là
résultent deux manières de philosopher, entièrement différentes, et même radicalement op-
sées, selon qu'on procède de la considération

---

(1) « M. Comte, à un moment donné, pensant et assurant
qu'il ne faisait que développer la philosophie positive, changea de méthode » (Littré, *Auguste Comte et la Philosophie
positive*, préface, p. III.)

de l'homme à celle du monde, ou, au contraire, de la connaissance du monde à celle de l'homme. Quoique, parvenue à sa pleine maturité, la vraie philosophie doive inévitablement tendre à concilier dans leur ensemble ces deux méthodes antagonistes, leur contraste fondamental constitue néanmoins le germe réel de la différence élémentaire entre les deux grandes voies philosophiques, l'une théologique, l'autre positive, que notre intelligence a dû suivre successivement (1). »

Dans la méthode sujective, donc, Comte comprend tous les modes de spéculation qui rayonnent du point de vue humain. C'est la méthode par laquelle l'homme dans ses phases mentales des premiers âges, fétichistes ou théistes, commence à philosopher. Il se place au centre de l'univers ; il regarde le monde et ce qu'il contient comme imprégnés de passions semblables aux siennes, ou tout au moins il le considère

---

(1) *Philosophie positive*, vol. III, p. 187, 2ᵉ édition. Voir aussi vol. VI, p. 548-674. — L'épithète *subjective* n'est pas, je crois, appliquée à cette méthode dans le premier traité ; mais nul lecteur des passages allégués ne saurait se méprendre sur l'identité de signification.

comme créé uniquement pour son usage. Alors
survient la science positive avec sa méthode
objective, et cette philosophie originelle est
anéantie. L'homme et sa planète ne paraissent
plus comme le centre de l'univers, mais comme
un atome infinitésimal au sein d'un espace infini.

Le positivisme, tel que Comte le concevait,
réconcilie ces deux méthodes. La méthode subjective est susceptible d'un sens non moins ra-
tionnel que sa rivale. Par elle, prise dans le sens
positif, Comte comprend la référence habituelle
de chaque genre de spéculation avec le point
de vue humain. L'Humanité redevient le centre
de l'univers; centre non pas absolu, comme
sous la théologie, mais relatif. Ceux qui com-
pareront le 58ᵉ chapitre de la *Philosophie positive* (1) avec le premier chapitre de l'*Introduction
fondamentale* de la *Politique positive* (2) verront
que le point de vue est intégralement le même,
et combien est dénuée de fondement l'assertion
que Comte, dans son dernier ouvrage, aban-

---

(1) T. VI, *Appréciation de l'ensemble de la méthode positive;* voir particulièrement les pages 577, 585, 597 et 598,
2ᵉ édition.

(2) T. I, pages 437 à 453.

donna la méthode objective, et y substitua,
comme l'affirme M. Littré, la méthode subjective.

A la fin de ce premier ouvrage, l'auteur montre que la fondation de la sociologie fournit la
base sur laquelle les deux méthodes, jusqu'alors
antagonistes, pourront être réconciliées. Dans la
Politique positive, cette conception est développée
et réalisée. « L'harmonie fondamentale des deux
méthodes objective et subjective, y dit Comte,
constitue enfin la vraie logique humaine, c'est-
à-dire l'ensemble des moyens propres à nous dé-
voiler les vérités qui nous conviennent... L'heureux concours de ces deux voies alternatives,
dont chacune commence où l'autre finit, permet
seul de réparer leur épuisement respectif, afin
d'utiliser autant que possible nos chétives forces
mentales, naturellement si inférieures aux difficultés de leur destination sociale. *Aucun dogme
de la religion finale ne saurait être assez établi
qu'après avoir été démontré par les deux méthodes,
quelle que soit celle d'où il émana d'abord.* »

Il est bien vrai qu'il y a une différence, signalée d'ailleurs par Comte lui-même, entre les
deux Traités. Le point de vue objectif, ou uni-
versel, domine dans le premier; le point de vue

subjectif, ou humain, dans le second. Mais la chose
essentielle est (et c'est ce qui infirme la plupart
des critiques de M. Littré, basées comme elles
le sont sur l'idée d'un changement fondamental
de méthode) qu'aucun des deux points de vue
n'est employé dans l'un ou l'autre des traités à
l'exclusion de l'autre. Le dessein constructif,
c'est-à-dire social, de la *Politique positive* est
évident de la première à la dernière page. Les
vérités scientifiques y sont ordonnées d'après le
principe d'une relation plus proche ou plus
éloignée avec l'homme. Les études n'ayant aucune portée directe ou indirecte sur les intérêts
humains sont rigoureusement exclues. La sociologie, qui comporte l'usage des méthodes et
des résultats des sciences biologiques et physiques, est établie comme le seul centre possible de convergence pour les spéculations humaines.

La *Politique positive*, ou Traité de la constitution de la nature humaine et de la société, et dont
l'objet avoué est d'indiquer un nouvel et plus
noble régime social et d'instituer la religion de
l'Humanité, diffère du Traité précédent en ce
que le point de vue subjectif ou humain y est
beaucoup plus saillant. La méthode subjective,

comme Comte la comprenait, comporte en réalité quelque chose de plus qu'une simple classification des connaissances selon leur degré
de relation envers l'homme. Elle implique la
vaste question, si bien explorée en géométrie,
mais si mal comprise dans les sciences plus
complexes, de la formation des hypothèses. Le
premier pas dans toute recherche est, selon
Comte, de former la meilleure hypothèse compatible avec tous les faits connus. Il est clair que
dans l'invention d'une hypothèse, les facultés les
plus hautes de l'imagination sont mises en jeu.
Personne ne doute que Képler et Archimède
fussent doués de forces imaginatives aussi
puissantes que celles d'Eschyle ou de Milton. Et
dans ce procédé mental, non-seulement l'imagination, mais les sympathies les plus nobles
de l'homme, pensait Comte, ont une part des
plus actives. Bien qu'enclin à une rigoureuse
analyse de chaque fonction spéciale de l'organisme individuel ou social, la nature humaine
était, après tout, à ses yeux, ou plutôt tendait
perpétuellement à devenir un tout harmonieux.
Que l'esprit accomplît son œuvre malgré des sentiments corrompus, ou dans la turbulence d'igno-
bles passions, cela lui semblait philosophique-

ment inconcevable. L'expérience de la vie lui apprit le contraire....

Ceci, donc, est l'explication de cette expression qui a choqué ou embarrassé tant de ses lecteurs : *la logique des sentiments*. La logique, comme il comprenait cette expression (et l'usage en est plus étendu en France qu'en Angleterre), a une signification morale non moins qu'intellectuelle. Telle qu'il la définit dans son œuvre dernière, la logique est « le concours normal des sentiments, des images et des signes, pour nous inspirer les conceptions qui conviennent à nos besoins, moraux, intellectuels et physiques (1). »

La critique qui sera tout d'abord adressée à la méthode subjective ainsi comprise, déclarera qu'elle est un sentier étroit et court menant au mysticisme. C'est le reproche que lui fait M. Littré et que vous endossez. « La méthode subjective, dites-vous, en est venue à tirer elle-même la vérité du puits de son propre esprit. » Si la *Politique positive* était exclusivement basée sur cette méthode, ainsi que M. Littré le donne à

---

(1) *Synthèse subjective*, Introduction, p. 27.

9

entendre à ses lecteurs, ce serait le plus grave reproche qui pût lui être fait. Telle qu'elle est, il n'y a pas même l'ombre de ce reproche à lui faire.

La fonction principale de la méthode subjective est de former des hypothèses ; et il n'importe en rien au critique par quel procédé interne ces hypothèses sont construites, pourvu qu'elles soient conformes aux règles que Comte a établies pour leur institution, c'est-à-dire pourvu qu'elles soient les meilleures qui se puissent produire, qu'elles posent une base satisfaisante, bien que provisoire, pour notre action, et qu'enfin elles ne soient pas, avant vérification, tenues pour vérités démontrées. Du reste, Comte, dès le début de son Traité, se garde contre tout autre usage de la méthode subjective. Les deux méthodes, objective et subjective, dit-il, doivent être, autant que possible, employées simultanément. « Aucun dogme de la religion de l'Humanité ne peut être considéré comme pleinement établi avant d'avoir été prouvé par chacune des deux méthodes, quelle que soit celle qui la première l'ait suggéré. »

FIN.

DOCUMENTS A CONSULTER.

PRÉFACE

Placée par Auguste Comte en tête de la reproduction de ses premiers opuscules sur la philosophie sociale, dans l'appendice du *Système de Politique positive*.

Suivant l'annonce placée en 1851 au début du traité que je viens d'achever, je joins à ce volume final une scrupuleuse reproduction de tous mes opuscules primitifs sur la philosophie sociale. En rendant à la circulation des écrits enfouis dans des recueils depuis longtemps oubliés, cet appendice pourra faciliter l'initiation positiviste des esprits disposés à suivre ponctuellement la même marche que moi. Mais il est ici destiné surtout à manifester la parfaite harmonie des efforts qui caractérisèrent ma jeunesse avec les travaux qu'accomplit ma maturité.

D'après les habitudes dispersives qui, de nos jours, compriment toute appréciation synthétique, cette pleine continuité se trouve souvent dissimulée par l'étendue exceptionnelle que dut acquérir mon élaboration totale. Quand on n'y saisit point la relation nécessaire entre la base philosophique et la construction religieuse, les deux parties de ma carrière semblent procéder selon des directions

différentes. Il convient donc de faire spécialement sentir
que la seconde se borne à réaliser la destination préparée
par la première. Cet appendice doit spontanément inspirer
une telle conviction, en constatant que, dès mon début,
je tentai de fonder le nouveau pouvoir spirituel que j'institue aujourd'hui. L'ensemble de mes premiers essais me
conduisit à reconnaître que cette opération sociale exigeait
d'abord un travail intellectuel, sans lequel on ne pourrait
solidement établir la doctrine destinée à terminer la révolution occidentale. Voilà pourquoi je consacrai la première moitié de ma carrière à construire, d'après les résultats scientifiques, une philosophie vraiment positive, seule
base possible de la religion universelle. Mais, quand ce fondement théorique fut suffisamment posé, je dus directement
vouer tout le reste de mon existence à la destination sociale
que j'avais d'abord supposée immédiatement accessible.

Outre la difficulté naturelle de concevoir ce vaste plan,
une tendance personnelle entraîne souvent à méconnaître
l'intime connexité de mon *Système de politique positive*
avec mon *Système de philosophie positive*. Quoique la ter-
minaison de la révolution occidentale soit généralement
désirée, l'indiscipline propre à notre situation anarchique
inspire encore d'actives sympathies, surtout parmi les
lettrés. Beaucoup d'individualités se sentent choquées par
l'avènement direct du sacerdoce positif, qui doit faire uni-
versellement prévaloir, dans la conduite publique et même
privée, des règles d'autant plus inflexibles qu'elles seront
toujours démontrables. Ces répugnances envers ma construction religieuse disposent à la regarder comme contradictoire avec sa base philosophique, dont l'attrait mental
se trouvait naturellement exempt de tout conflit moral.
Mais cet appendice montrera l'inconséquence des partisans
intellectuels du positivisme, qui repoussent aujourd'hui

son application nécessaire à la destination sociale directement proclamée dans sa première ébauche. Soit qu'ils ne
puissent saisir l'ensemble de mon élaboration, ou qu'ils
regrettent de voir cesser l'interrègne religieux, leur adoption spéculative de la nouvelle synthèse les oblige à lui
permettre de se compléter, de se résumer et de conclure.
Ma politique, loin d'être aucunement opposée à ma philosophie, en constitue tellement la suite naturelle, que celle-
ci fut directement instituée pour servir de base à celle-là,
comme le prouve cet appendice.

Conformément à ce but, il doit seulement embrasser
les opuscules qui caractérisèrent graduellement ma direction générale, en écartant les écrits prématurés que
m'inspira la funeste liaison à travers laquelle s'accomplit
mon début spontané. Dans ces productions artificielles, je
ne recueille ici que deux indications décisives de ma tendance continue vers la religion positive. La première surgit, en 1817, de cette sentence caractéristique, au milieu
d'une vaine publication : *tout est relatif ; voilà le seul principe absolu.* Quant à la seconde, moins prononcée, mais
plus développée, elle s'accomplit en 1818, dans le mémoire spécial où je considérai la liberté de la presse
comme procurant à tous les citoyens une autorité consul-
tative. Telles sont les seules mentions que me semblent
finalement mériter mes publications antérieures aux six
opuscules dont cet appendice se compose ; je désavoue d'a-
vance toute autre reproduction de travaux publiés, et j'ai
déjà détruit les matériaux restés inédits.

Le premier opuscule fut écrit, en juillet 1819, pour
l'unique recueil périodique (*le Censeur*) que la postérité
distinguera dans le journalisme français ; mais cet article
ne fut jamais inséré. Je le publie ici, soit pour indiquer
comment je tendais, à vingt et un ans, vers la division

des deux pouvoirs, soit même en vue de l'utilité qu'un tel éclaircissement conserve encore (1).

Après avoir, en avril 1820, laissé passivement attribuer le second opuscule au directeur du recueil (*l'Organisateur*) qui l'inséra, j'en reprends finalement la juste possession, alors connue seulement de quelques lecteurs (2). En lui donnant ici son vrai titre, je le signale comme première ébauche de ma conception générale du passé moderne, où je séparai déjà les deux mouvements, positif et négatif, dont le concours caractérise la révolution occidentale. Le contraste historique entre la France et l'Angleterre, suivant que prévalut le pouvoir central ou la force locale, s'y trouve assez établi pour avoir dès lors guidé plusieurs écrivains, qui n'en ont jamais indiqué la source.

Ma direction, à la fois philosophique et sociale, fut irrévocablement déterminée, en mai 1822, par le troisième opuscule, où surgit ma découverte fondamentale des lois sociologiques (3). Son propre titre, qui doit seul figurer ici, suffirait pour indiquer une intime combinaison entre les deux points de vue, scientifique et politique, qui m'avaient jusqu'alors préoccupé pareillement, mais séparément. La publicité de ce travail décisif resta bornée d'abord à cent exemplaires, gratuitement communiqués comme *épreuves*. Quand il fut reproduit à mille exemplaires, en 1824, avec quelques additions secondaires, je crus devoir superposer à son titre spécial le titre prématuré de *Système de poli-*

---

(1) *Séparation générale entre les opinions et les désirs.*
                                        (*Note des éditeurs.*)
(2) *Sommaire appréciation de l'ensemble du passé moderne.*
                                        (*Note des éd.*)
(3) *Plan des travaux scientifiques nécessaires pour réorganiser la société.*   (*N. des éd.*)

tique positive, destiné dès lors à l'ensemble de mes compositions. On ne saurait méconnaître l'unité de ma carrière, en voyant ainsi promise, dès mon début, la systématisation que le présent traité pouvait seul réaliser.

Le quatrième opuscule manifeste, en novembre 1825, même par son titre, une tendance plus directe vers l'établissement d'une nouvelle autorité spirituelle, d'après une philosophie fondée sur la science (1). Une suffisante démonstration de mes deux lois fondamentales y précède l'appréciation générale de la marche continue de l'Humanité vers la réorganisation du pouvoir théorique.

Enfin le cinquième opuscule exposa d'une manière décisive, en mars 1826, dans le même recueil (*le Producteur*), la division philosophique et sociale des deux puissances élémentaires (2).

Ma tendance continue à fonder un nouveau sacerdoce devint dès lors assez prononcée pour m'attirer à la fois les reproches de l'école révolutionnaire, sous prétexte de théocratie, et les félicitations de l'école rétrograde, au nom de l'ordre. Le contraste des deux appréciations que ce travail inspirait à deux écrivains accrédités (Benjamin Constant et Lamennais) indiquait déjà l'attitude normale du parti que j'instituais envers ceux dont ils étaient les chefs respectifs. Cette opposition put être spécialement vérifiée chez un même esprit, quand l'éloquent défenseur du catholicisme devint aveuglément hostile à la doctrine positive, à mesure qu'il dégénérait en déclamateur révolutionnaire.

---

(1) *Considérations philosophiques sur les sciences et les savants.*
                                        (*Note des éditeurs.*)
(2) *Considérations sur le pouvoir spirituel.*   (*N. des éd.*)

Il suffit de comparer ces cinq opuscules, et surtout les trois derniers, pour y reconnaître une progression constante où le terme final caractérise le but général, la réorganisation du pouvoir spirituel d'après la rénovation de la philosophie. Ainsi se prépara mon traité fondamental (1), dont l'élaboration orale commença réellement en avril 1826, quoique son premier volume ne fut publié qu'en juillet 1830. En accomplissant cette fondation philosophique, terminée en 1842, j'y fis toujours pressentir de plus en plus la construction religieuse qu' exigeait sa destination sociale, conformément à son institution primitive.

Dans le sixième et dernier opuscule (2), publié par *le Journal de Paris* en août 1828, on saisit le passage de mon début social à ma carrière intellectuelle, qu'ouvrit l'année suivante l'entière exécution du cours introduit en 1826 (*Cours de Philosophie positive*), et bientôt suspendu d'après ma crise cérébrale. Les lumières résultées de cet épisode furent spécialement utilisées pour l'examen décisif du mémorable ouvrage où Broussais combattit dignement l'influence métaphysique. Cet opuscule final conservera toujours un intérêt historique comme ayant suscité le noble effort par lequel ce grand biologiste illustra la fin de sa belle carrière, en appréciant d'une manière digne de lui l'admirable tentative de Gall, qu'il avait jusqu'alors méconnue.

AUGUSTE COMTE,
Auteur du *Système de Philosophie positive*
et du *Système de Politique positive*.

---

(1) Le *Système de Philosophie positive*.   (*Note des éditeurs.*)
(2) *Examen du Traité de Broussais sur l'irritation.*

(*N. des éd.*)

LETTRE

DU

DOCTEUR ROBINET A M. FRÉDÉRIC MORIN[1].

_____

Paris, le 17 Shakespeare 78
(24 septembre 1866).

MONSIEUR,

L'article que vous avez consacré, dans _l'Avenir national_ des 7 et 8 septembre courant, à l'examen du positivisme, renfermant des erreurs considérables, je prends la liberté de vous les signaler et de vous en demander la rectification. Vous avez été trompé, et je suis certain que vous vous empresserez de rétablir la vérité dès que vous l'aurez reconnue.

Vous dites que le positivisme est actuellement en proie à une crise intérieure qui semblerait annoncer une transformation radicale de ses théories, ou peut-être des théories toutes nouvelles. Eh bien! rien de semblable n'a lieu.

Votre erreur, à cet égard, provient de ce que, d'une part,

_____

(1) Cette lettre, selon la coutume établie dans le journalisme à l'égard du positivisme, n'a pas été reproduite par _l'Avenir national_, qui n'en a donné, par la plume de M. Morin, qu'un accusé de réception assez équivoque.

vous acceptez comme représentant le positivisme des
hommes qui ne s'y rattachent aucunement, et de ce que,
d'autre part, vous ignorez profondément et ce qu'a fait
Auguste Comte et ce qu'est devenue son œuvre après sa
mort.

Ni M. John Stuart Mill, en Angleterre, ni M. Littré, en
France, ne représentent le positivisme, que leurs efforts
tendent au contraire à renverser, comme vous l'avez parfaitement reconnu vous-même dans l'analyse dont il est
ici question. Ces messieurs sont, en réalité, des adversaires
de notre doctrine, et vous vous en convaincrez aisément
si vous voulez bien me prêter quelques moments d'attention.

D'après la première édition d'un ouvrage de M. Mill ayant
pour titre : *A System of logic ratiocinative and inductive*,
paru en 1843, et d'après les relations qu'il eut à cette
époque, par correspondance, avec Auguste Comte, on
pouvait, en effet, le regarder comme acceptant les données
générales de la philosophie positive, et comme usant de
procédés convenables envers son auteur; et c'est là, sans
doute, ce qui l'a fait considérer comme positiviste et comme
représentant de la doctrine en Angleterre. Mais il n'en est
pas de même aujourd'hui, et si on lit la seconde édition
du même ouvrage, celle dont vous appréciez la traduction : *Système de logique* (traduit par M. L. Peisse), ainsi
qu'un travail postérieur de M. Mill ayant pour titre : *Auguste Comte and Positivism*, on s'aperçoit aussitôt du re-
virement d'opinion de cet auteur et de son éloignement
définitif pour une philosophie à laquelle il avait d'abord
paru se rattacher.

M. Mill n'appartient donc plus au positivisme et ne peut
être pris pour son représentant.

Il en est de même de M. Littré.

D'abord « subjugué » par la philosophie positive, à un âge où l'esprit doit avoir acquis toute sa maturité et ne rien accepter légèrement ; ensuite partisan de la politique positive, dont il a des premiers accueilli et provoqué l'avénement ; enfin, adhérent enthousiaste de la synthèse religieuse dont cette philosophie et cette politique ne sont que les éléments, et qu'il a consacrée à son berceau par les plus justes acclamations (voir l'opuscule qu'il a publié en 1852 sous le titre : *Conservation, révolution et positivisme*), M. Littré pouvait à bon droit passer en France pour un disciple d'Auguste Comte et pour un représentant convaincu de ses idées.

Mais à la mort du philosophe, il s'est tout à fait refroidi, éloigné, retiré, pour retourner, malgré ses antécédents positivistes et malgré une instruction scientifique étendue, à cette métaphysique qu'il professait avant de reconnaître la philosophie positive. Je n'en veux pour preuve que ses opinions actuelles sur « l'immanence », sur la « transcendance », sur les *forces* et sur les propriétés des corps, qui ne sont au fond pour lui que des êtres de raison agitant la matière chacun selon sa spécificité.

Il est donc bien certain que, pendant un temps, depuis 1846 jusqu'en 1857, M. Littré dut effectivement être considéré comme positiviste. Mais il n'est pas moins vrai que, depuis cette époque, il n'a cessé de s'éloigner d'Auguste Comte pour se séparer entièrement de lui.

En effet, non-seulement il rejette absolument aujourd'hui, en la déclarant fausse, égarée par une logique illusoire (la méthode subjective), toute application quelconque de la philosophie positive (la politique et la religion de l'Humanité ,qu'il avait autrefois acceptées), mais encore il déserte jusqu'aux principes les plus essentiels et les plus fondamentaux de la philosophie elle-même. Car la prétention qu'il émet d'introduire une loi historique concrète dans la construction sociologique d'Auguste Comte, et d'intercaler trois termes hétérogènes (l'économie politique, l'esthétique, et la psychologie) dans la série scientifique qui forme la base du positivisme et qui a été ainsi établie par son fondateur : mathématique, astronomie, physique, chimie, biologie, sociologie et morale ; cette prétention, dis-je, témoigne jusqu'à l'évidence que M. Littré méconnaît totalement aujourd'hui et la distinction capitale entre l'abstrait et le concret, qui est le fondement même de la philosophie positive, et la nature nécessairement abstraite des lois qu'elle considère, sans laquelle toute construction scientifique ou positive demeure impossible.

Enfin, pour M. Littré, le positivisme n'existe plus, puisque, d'après sa nouvelle manière de l'envisager, tout y est à faire ou à refaire, Auguste Comte n'ayant pu qu'inventer une méthode sans en rien tirer.

M. Littré a donc cessé d'être positiviste à un degré quelconque, au point de vue philosophique comme au point de vue politique et religieux, et cela est d'autant moins contestable qu'il a établi lui-même les termes de sa capitulation dans différents écrits, dans ses *Paroles de philosophie positive* (1859), dans un livre intitulé : *Auguste Comte et la philosophie positive* (1863), et dans tous les articles qu'il a fournis depuis aux revues et aux journaux.

Il n'y a donc qu'un positivisme, celui d'Auguste Comte ! Et il serait indigne de prolonger l'équivoque sur ce point. C'est le moins qu'on laisse la propriété de son œuvre à l'infatigable artisan qui lui a consacré toute une vie de labeur et de sacrifice.

De même il faut prendre les positivistes où ils sont, et ne point les chercher où ils ne peuvent être.

A la mort d'Auguste Comte, tous ceux qui gardèrent foi

en sa doctrine et respect pour sa mémoire se rallièrent à l'exécution testamentaire qu'il avait instituée pour sauvegarder son œuvre, et dont le président, M. Pierre Laffitte, désigné par lui-même, devait être le directeur. C'est d'après l'action de ce disciple éminent et dévoué que le positivisme a continué à se développer régulièrement en France, en Angleterre, en Amérique, tant par la propagation et le perfectionnement de sa doctrine que par le maintien de ses institutions politiques et religieuses.

En France, M. Laffitte a établi dès 1858, dans la demeure même d'Auguste Comte, réservée comme siége du positivisme, l'enseignement systématique de la foi démontrée depuis son terme initial, la *mathématique*, jusqu'à son degré suprême, la *morale*. Cet enseignement n'a cessé un seul instant de se continuer depuis cette époque, et il s'est développé par l'assistance que M. Laffitte a reçue, pour cette œuvre difficile, de deux autres positivistes, MM. Lonchampt et Bazalgette.

En Angleterre, MM. Richard Congreve, Bridges et Barton ont effectué de semblables initiations, que M. Edger a reproduites en Amérique, dans l'État de New-York.

Dans tous ces cas les positivistes se sont scrupuleusement conformés à la doctrine de leur maître, que MM. Congreve et Bridges ont, de plus, fait connaître à l'Angleterre par la traduction du *Catéchisme positiviste* (1858) et par celle du *Discours sur l'ensemble du positivisme* (1865), deux ouvrages d'Auguste Comte.

En même temps, des expositions et des publications plus spéciales développaient le dogme positiviste dans les points que son fondateur n'avait dû qu'indiquer. Il en est ainsi du *Cours de philosophie première* effectué par M. Laffitte, et de ses *Considérations sur l'ensemble de la civilisa-*

tion chinoise (1858-1861). Il en est ainsi des travaux du docteur Audiffrent sur la théorie de la nature humaine : *Appel aux médecins* (1862) ; *Théorie positive de la vision, de l'aphasie, des épidémies* (1866). Il en est ainsi des publications politiques et sociales faites de 1856 à 1866 par MM. Magnin, Congreve, Bridges, Hutton, Harrisson, Beesly, Pember et Cookson, qui sont toutes des applications fidèles de la doctrine positiviste : *Lettre sur la grève des ouvriers du bâtiment, à Londres ; — Gibraltar ; — India ; — The labour question ; — Italia and the Western powers ; — International policy ; Essais on the foreign relations of England* (1. *The West ;* 2. *England and France ;* 3. *England and the sea ;* 4. *England and India ;* 5. *England and China ;* 6. *England and Japon ;* 7. *England and the uncivilised communities*). Il en est ainsi de l'opuscule de M. Bridges : *The unity of Comte's life and doctrine* (réfutation de M. Mill, publiée en 1866). Il en est ainsi, dans l'Amérique du Nord, des écrits de MM. Edger et Hale sur la philosophie, la politique et la religion positives. Il en est ainsi, enfin, de la courageuse initiative prise dans l'Amérique du Sud par un autre positiviste, M. Brandão, pour obtenir l'abolition de l'esclavage : *A escravatura no Brazil* (1865).

Je le répète, partout et toujours, l'action positiviste est restée religieusement conforme, dans l'ensemble comme dans les détails, aux principes théoriques et pratiques établis par Auguste Comte, et elle n'a jamais fait que maintenir et corroborer son œuvre, acceptée et reconnue dans tous ses points quelconques.

Il est donc certain, Monsieur, que le positivisme n'a subi aucune transformation depuis la mort de son fondateur ; qu'il est resté lui-même, et qu'il ne se prépare dans son sein aucune crise tendant à renouveler ses doctrines ou à remplacer par d'autres les théories qui le constituaient hier.

Une philosophie fondée sur l'ensemble des sciences abstraites, c'est-à-dire sur tout ce qu'il y a de réel et de démontrable, est nécessairement aussi invariable de sa nature que les lois immuables qui constituent son objet; et vous n'avez pu lui supposer une instabilité pareille qu'en regardant indûment comme positivistes des esprits sans consistance, qui changent leurs croyances au gré des moindres conjonctures. Soyez assuré que de telles fluctuations les placent nécessairement en dehors du positivisme, et qu'ils feraient mieux de s'en déclarer les adversaires que de s'en laisser attribuer le patronage et en quelque sorte la propriété.

Une telle manière d'agir constitue un abus aussi grave que celui d'attaquer la doctrine en lui imputant des omissions et des lacunes qu'elle ne présente pas, en lui prêtant des tendances qu'elle n'a jamais eues, et en cachant au public la persistance des efforts qu'elle a suscités.

Quant aux autres assertions que renferme votre appréciation et qui reprochent au positivisme de s'être formé *à priori*, d'inspiration en quelque sorte, d'avoir emprunté à Saint-Simon les bases de la sociologie, d'avoir dédaigné le XVIIIe siècle et repoussé la Révolution, de n'avoir considéré que le monde, dans le problème philosophique, sans s'occuper de l'homme, d'avoir négligé les conditions matérielles de l'existence sociale (économie politique) et la connaissance de la nature humaine (psychologie), elles sont trop ouvertement en contradiction avec les faits pour que je doive les discuter. Je me contenterai donc à cet égard de former opposition à toutes les conclusions que vous avez prises, en vous faisant observer, toutefois, qu'ayant été trompé vous-même par les sources où vous avez puisé les motifs de pareils jugements, vous ne pouvez revenir à la vérité qu'en remontant aux documents originaux, c'est-à-dire aux ouvrages d'Auguste Comte.

Je termine par une considération qui vous est personnelle. Malgré le vice des publications d'après lesquelles vous avez jugé le positivisme, vous en avez cependant senti la portée, et vous n'avez pu vous défendre d'un certain sentiment de considération pour son auteur, ce qui témoigne de votre sagacité et de votre sincérité.

Il y a loin de ce langage aux diatribes honteuses que la critique se permet habituellement envers Auguste Comte! C'est pourquoi je suis venu à vous; c'est pourquoi j'ai cru que vous ne vous refuseriez point à reconnaître et à rétablir la vérité. — Puissé-je ne pas m'être trompé!

Veuillez agréer, Monsieur, l'assurance de ma considération.

DOCTEUR ROBINET,
rue Saint-Placide, 35,
auteur de la Notice sur l'œuvre et sur la vie d'Auguste Comte, son médecin, et l'un de ses Exécuteurs testamentaires.

TABLE
DES MATIÈRES.

Paris. — Imprimé par E. Thunot et Cⁱᵉ, rue Racine, 26.

PUBLICATIONS DE L'ÉCOLE POSITIVISTE.

OUVRAGES ANGLAIS.

THE CATECHISM OF POSITIVE RELIGION, translated from the French of Auguste COMTE, by Richard CONGREVE. — John Chapman, 8, King William street, Strand.—London, 1858, 1 vol.in-12.   6 s. 6 d.

GIBRALTAR, or the foreign policy of England, by Richard CONGREVE. — N. Trübner and Co., 60, Paternoster Row. — London, 1857. . . . . 1 s. 6 d.

INDIA, by Richard CONGREVE. — London, 1857. . . . . 1 s. "

ITALY AND THE WESTERN POWERS, by the Same. . . . . .   6 d.

THE LABOUR QUESTION, by the Same. . . . .   4 d.

A GENERAL VIEW OF POSITIVISM, by Auguste COMTE, Translated by Dr J. H. BRIDGES. 8 s. 6 d.

THE UNITY OF COMTE'S LIFE AND DOCTRINE, a reply to strictures on Comte's later writings, addressed to J. S. Mill, Esq., M. P., by J. S. BRIDGES, translator of Comte's general View of Positivism. — Trübner, London, 1866. . . . . " "

FRANCE UNDER RICHELIEU AND COLBERT, by J. H. BRIDGES, M. B. Edinburgh, Edmondston and Douglas, 1866. . . . . " "

INTERNATIONAL POLICY, Essays on the foreign relations of England.— London, Chapman and Hall, 193, Piccadilly, 1866. — Contained : 1. the West, by Richard CONGREVE ; 2. England and France, by Frederic HARRISSON ; 3. England and the Sea, by E. S. BEESLY ; 4. England and India, by E. H. PEMBER ; 5. England and China, by J. H. BRIDGES ; 6. England and Japon, by Charles A. COOKSON ; 7. England and the uncivilised communities, by Henri Dix HUTTON. . . . . " "

SOUS PRESSE :

par le

www.ingramcontent.com/pod-product-compliance
Lightning Source LLC
Chambersburg PA
CBHW052058090426
42739CB00010B/2223